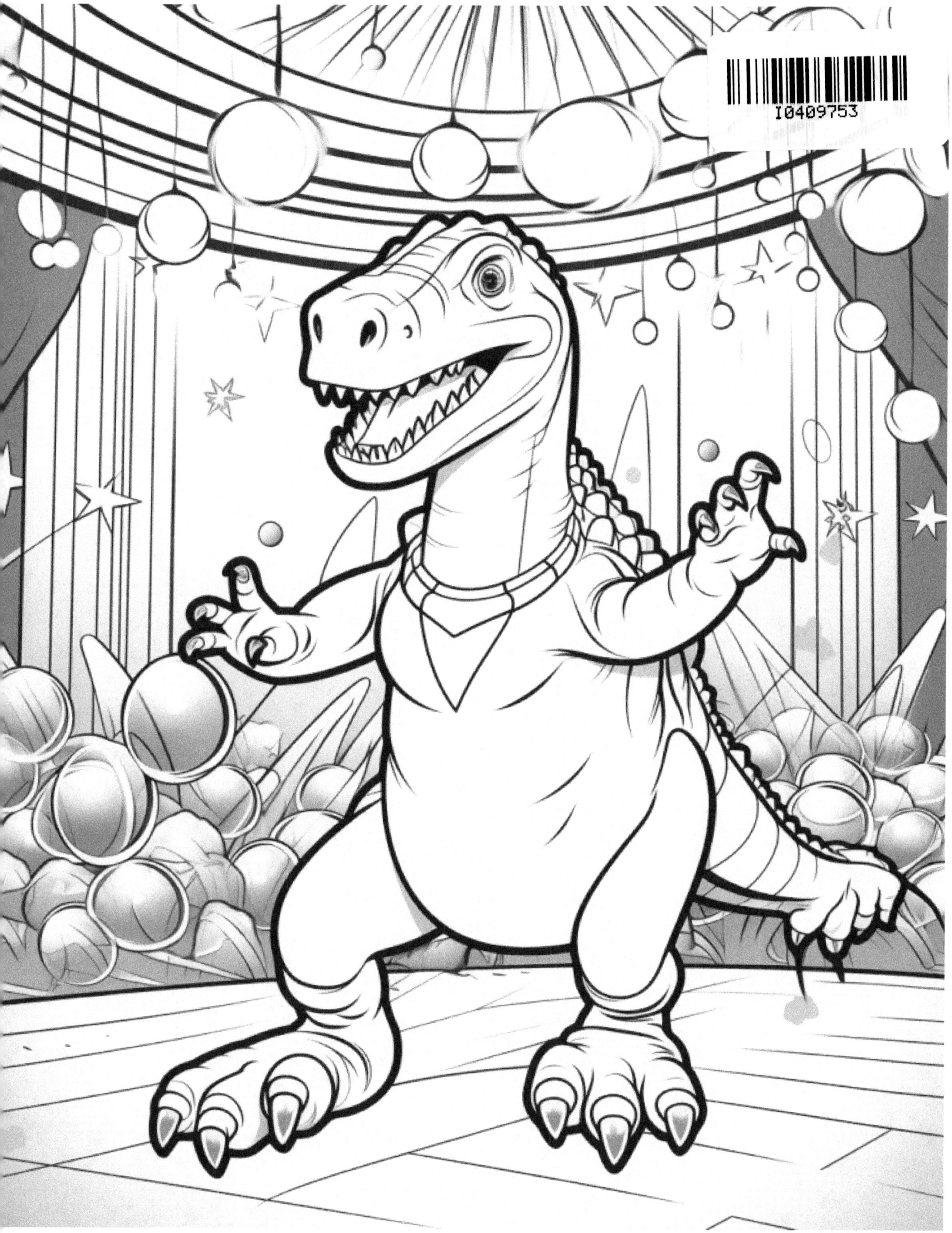

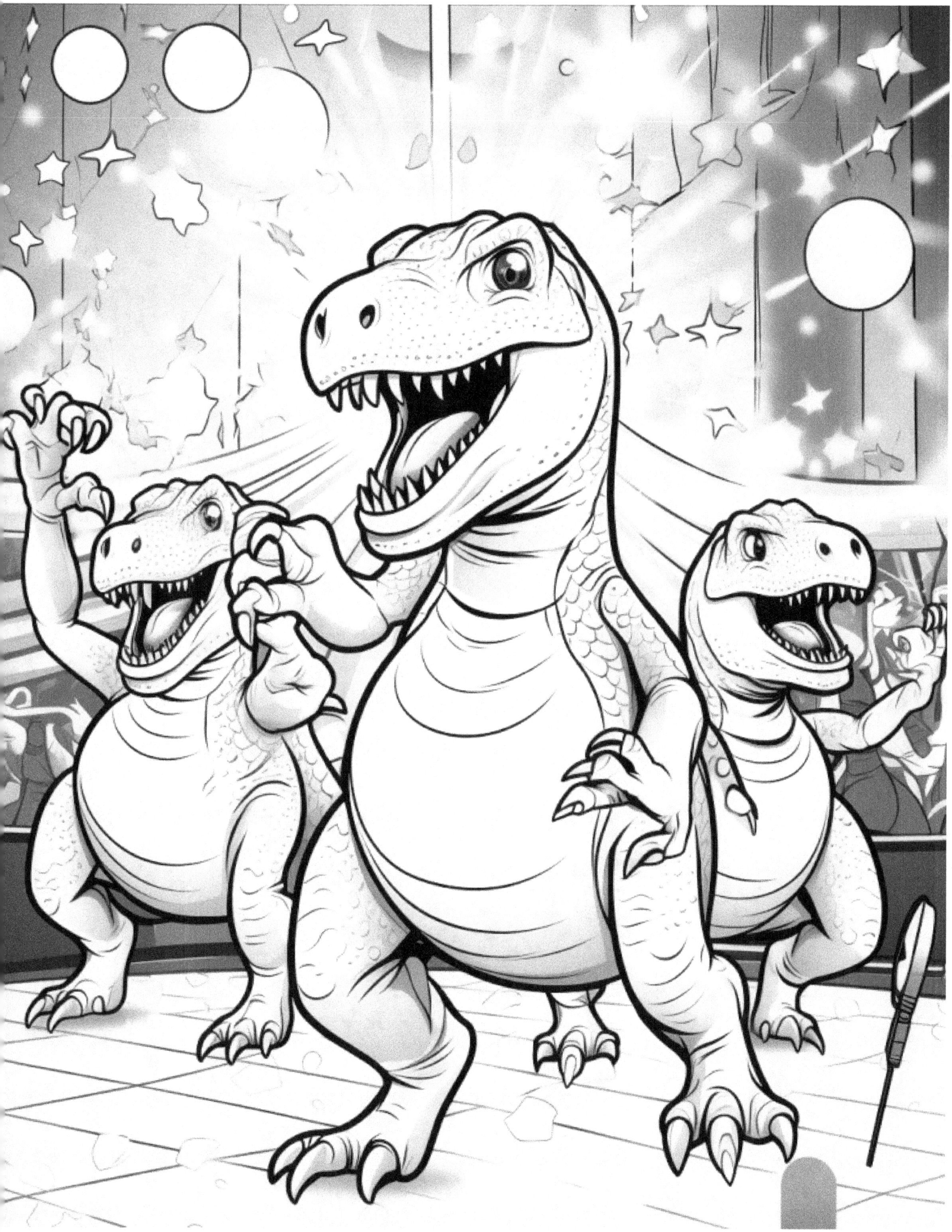

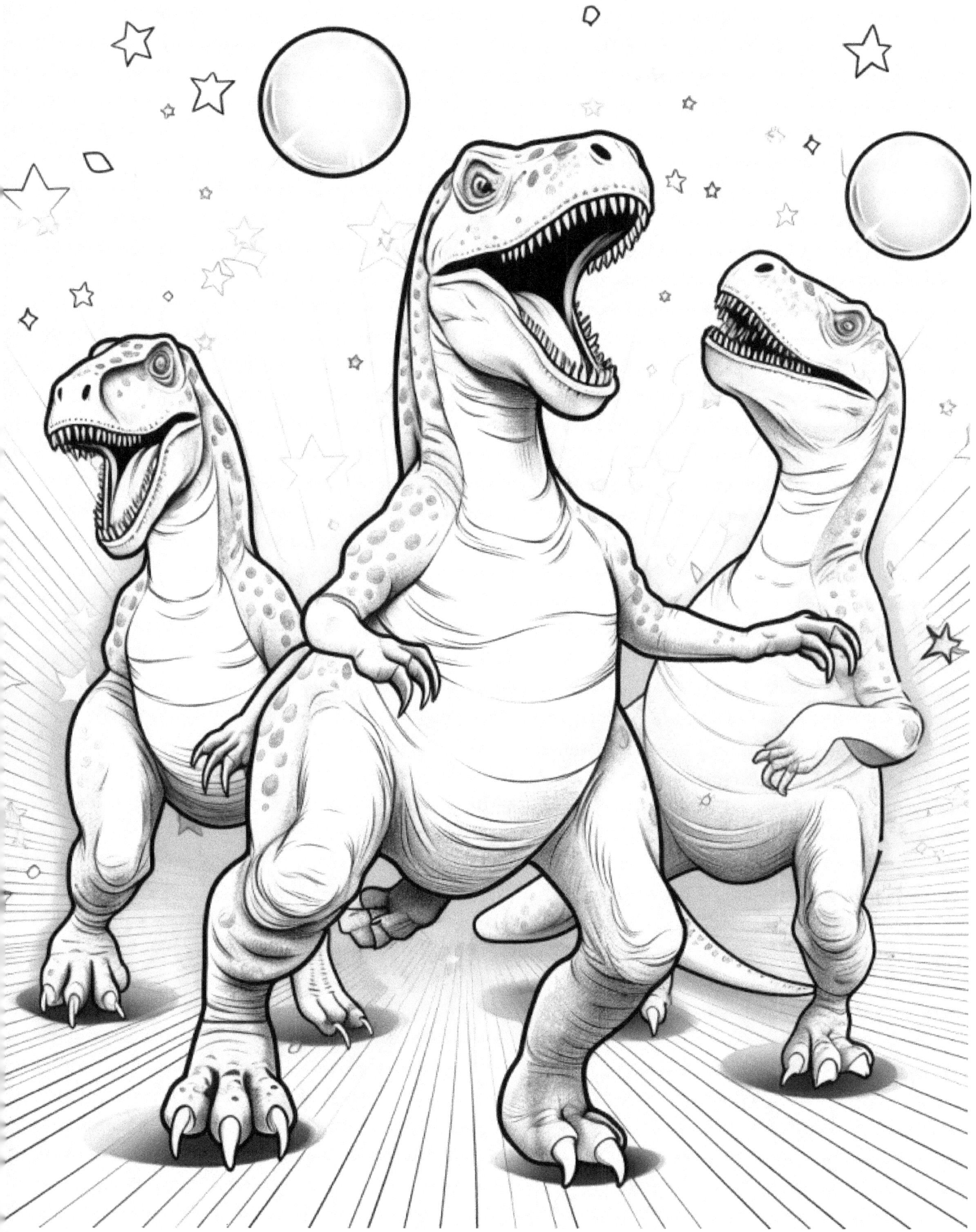

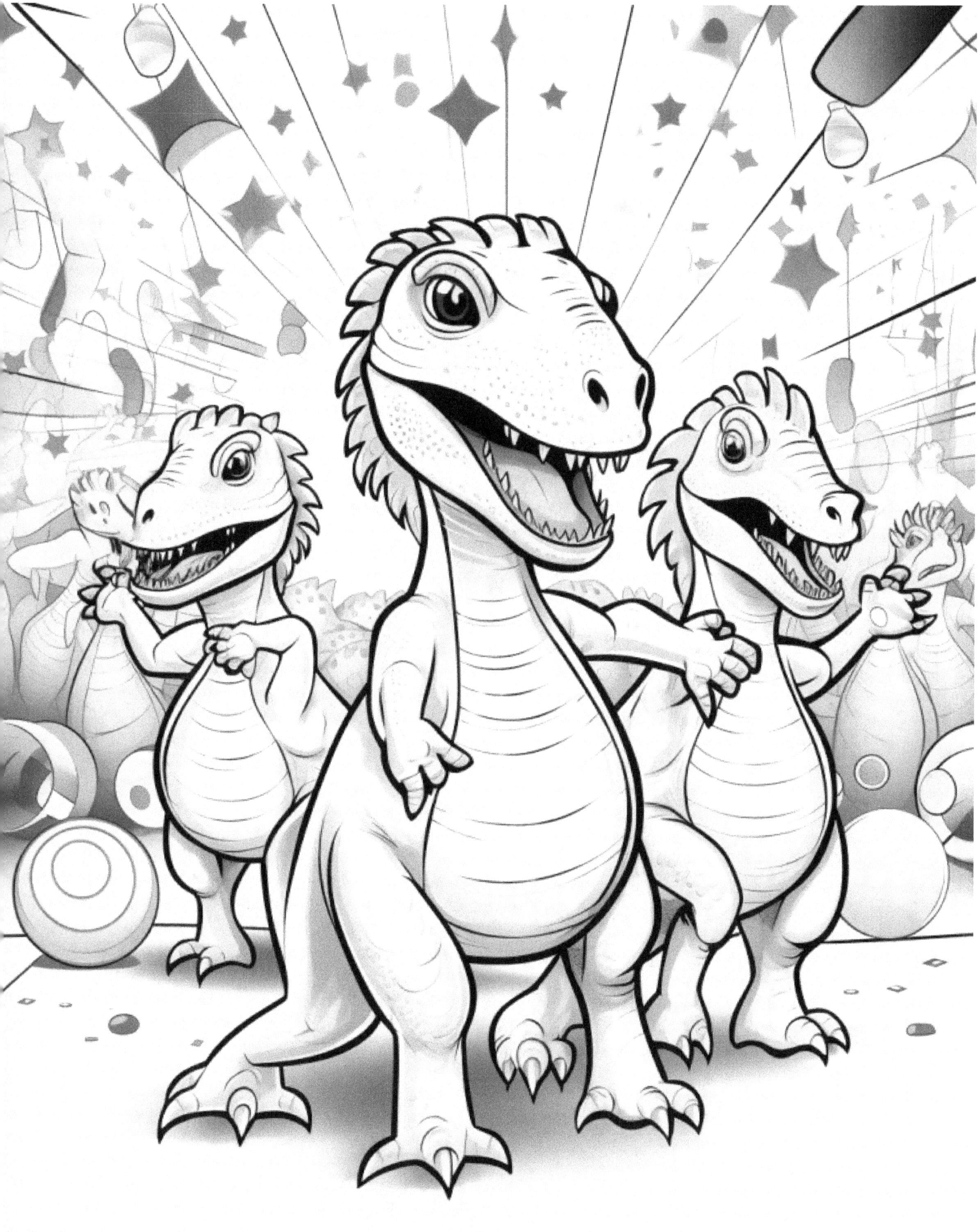

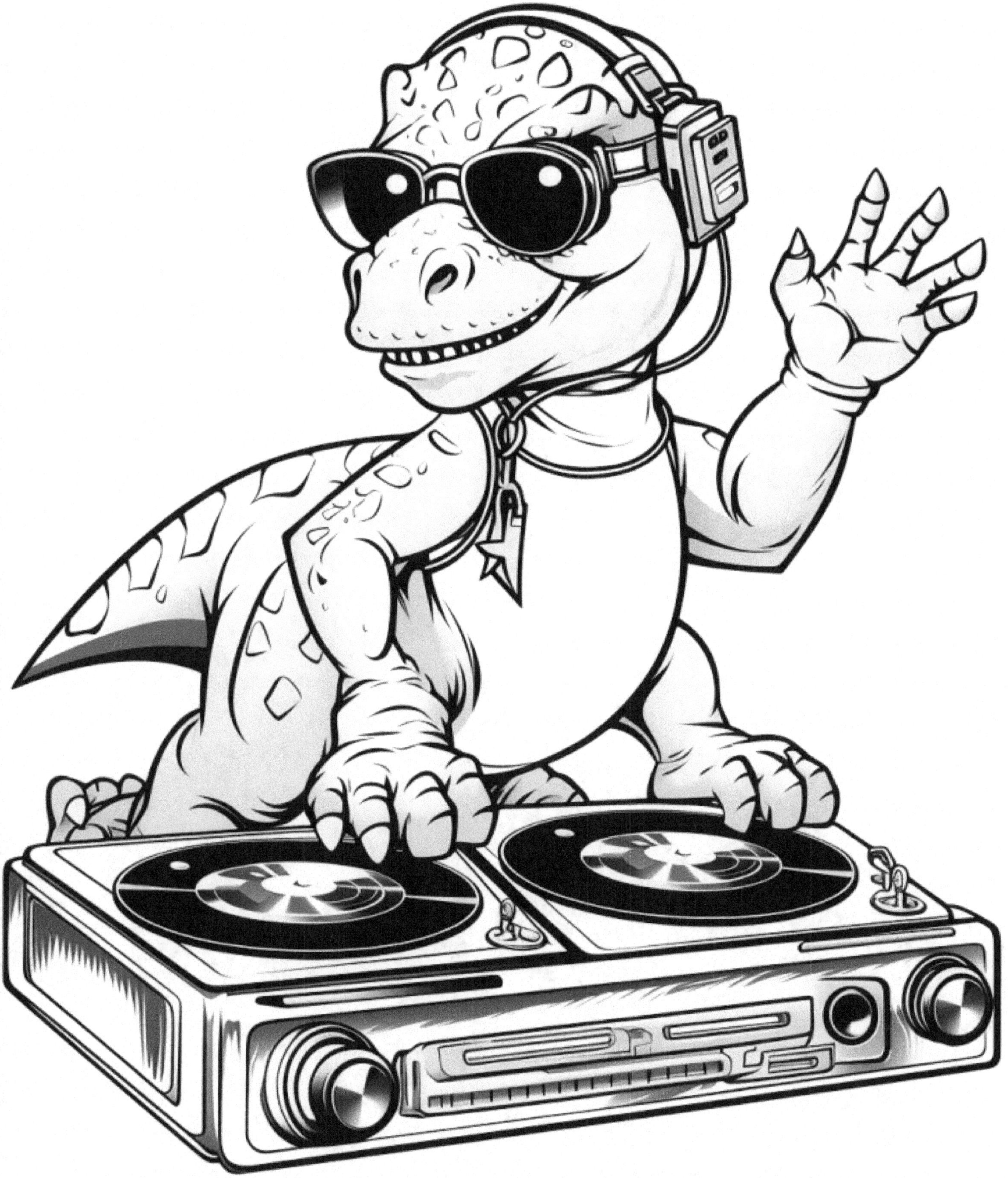

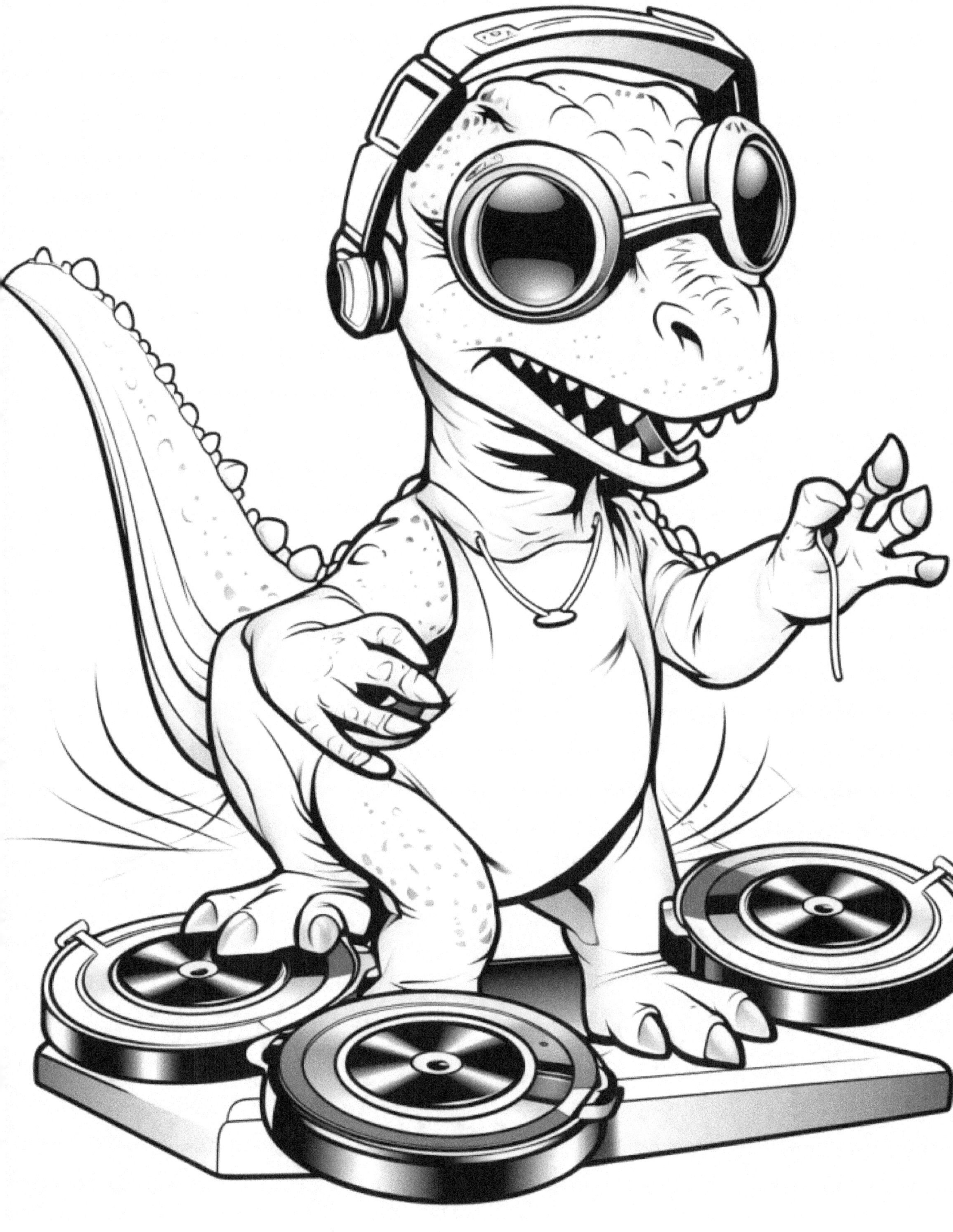

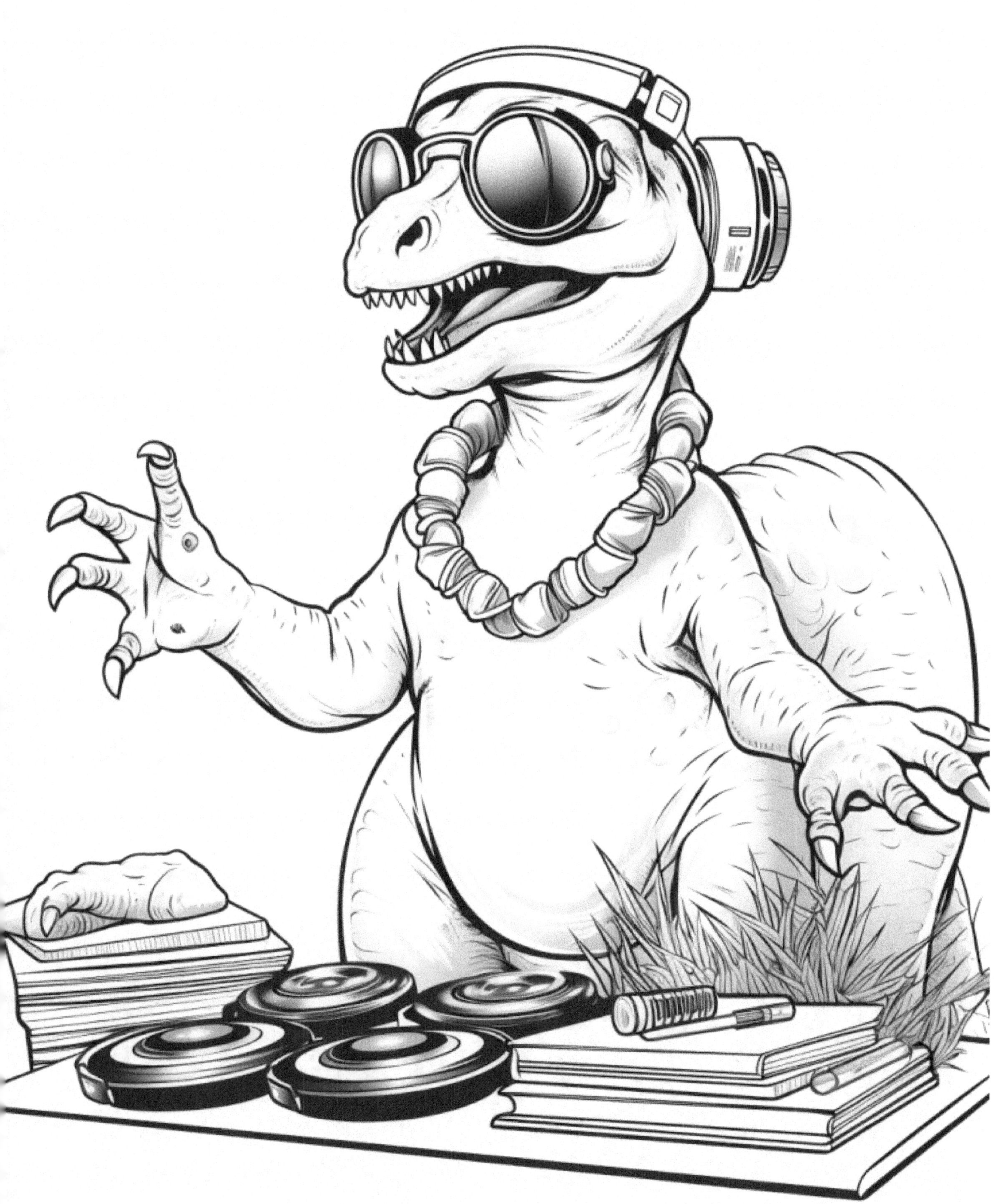

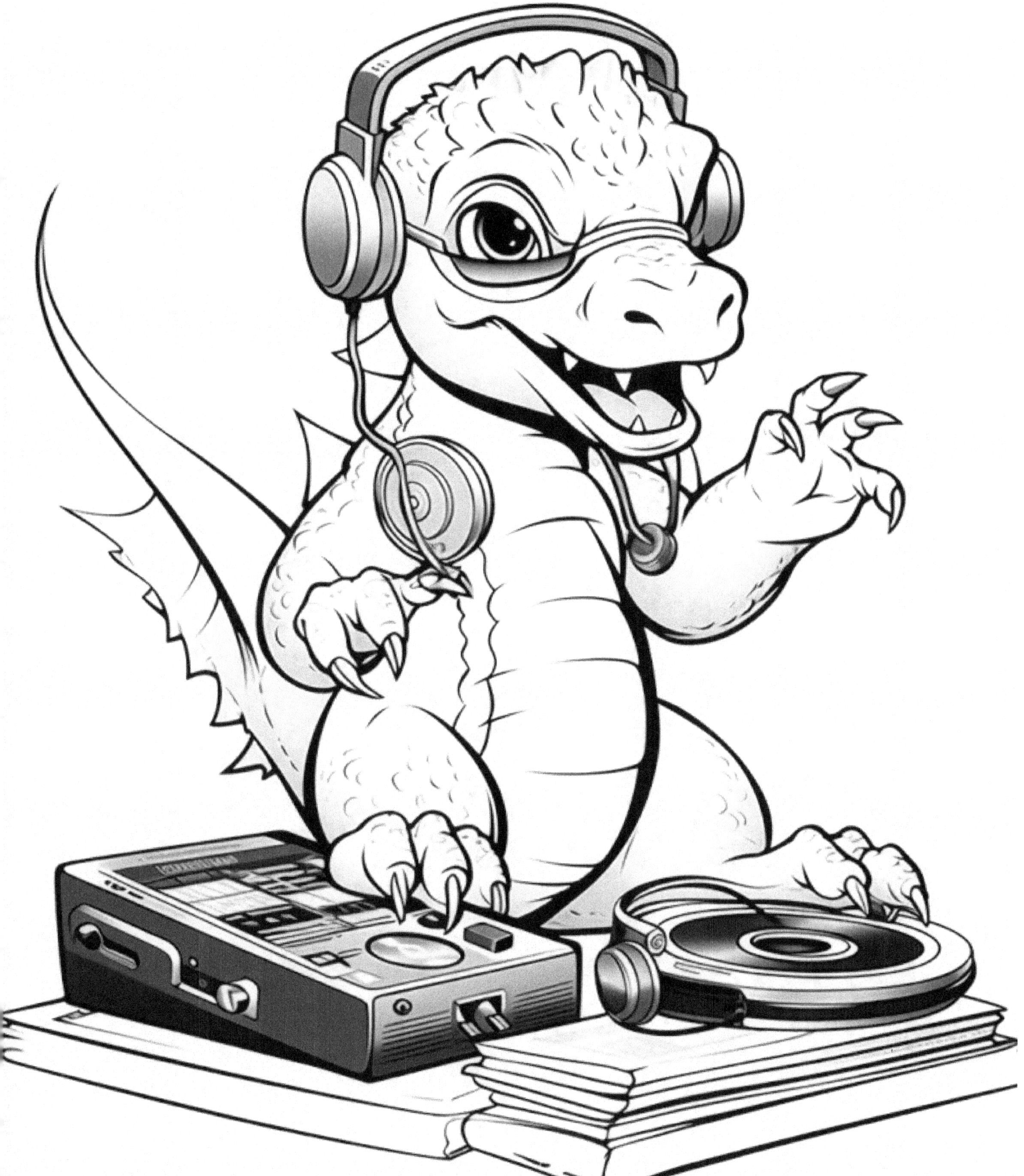

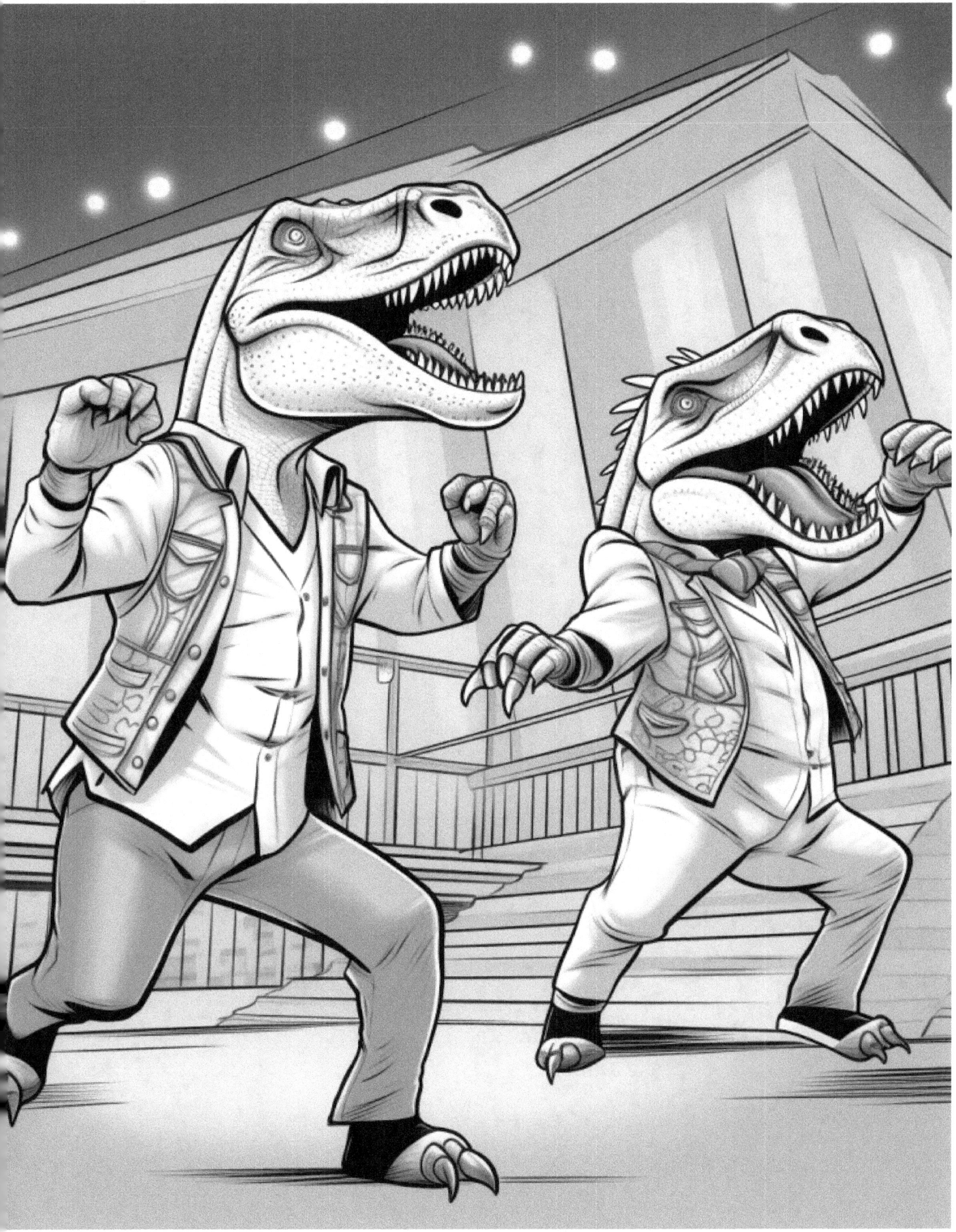

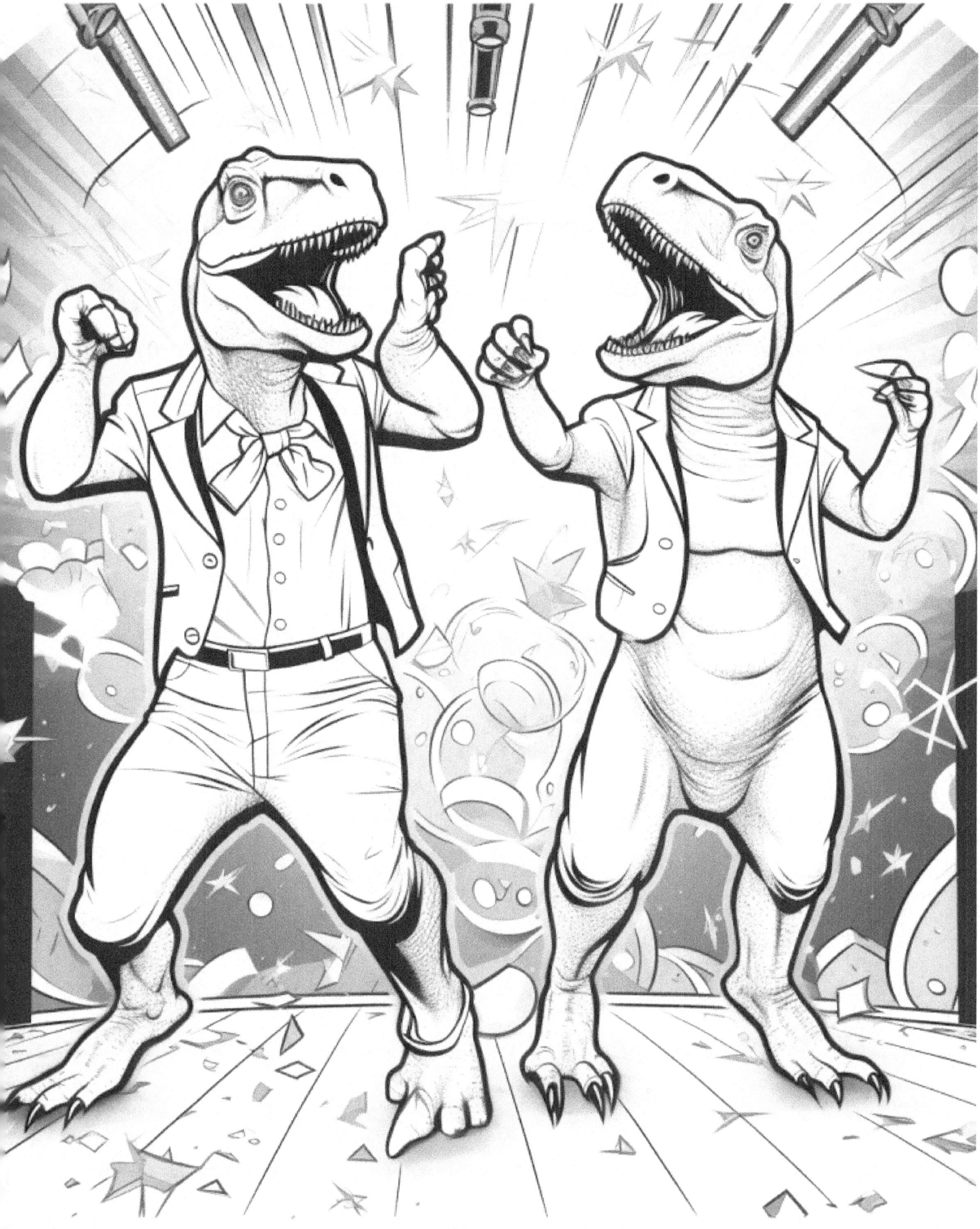

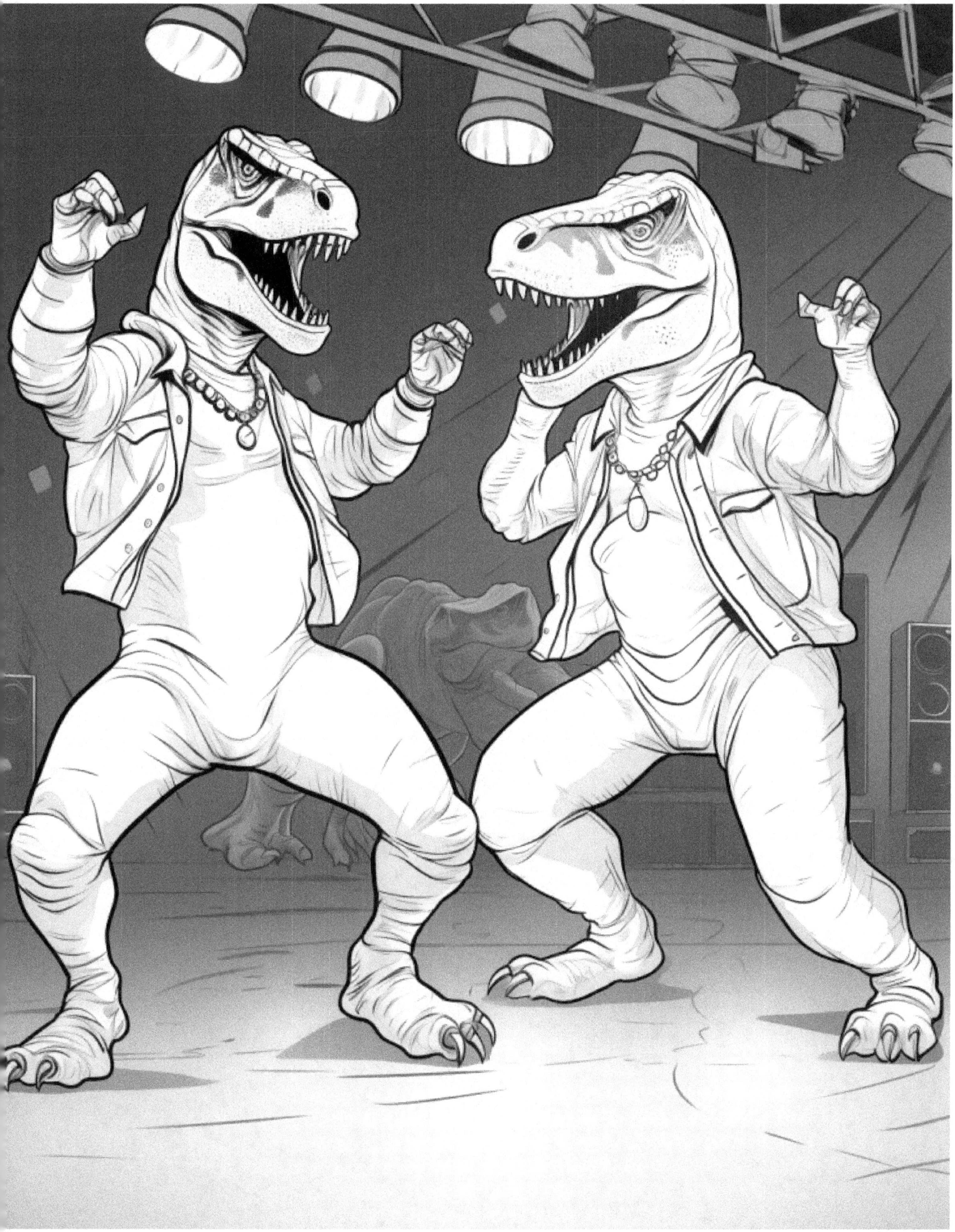

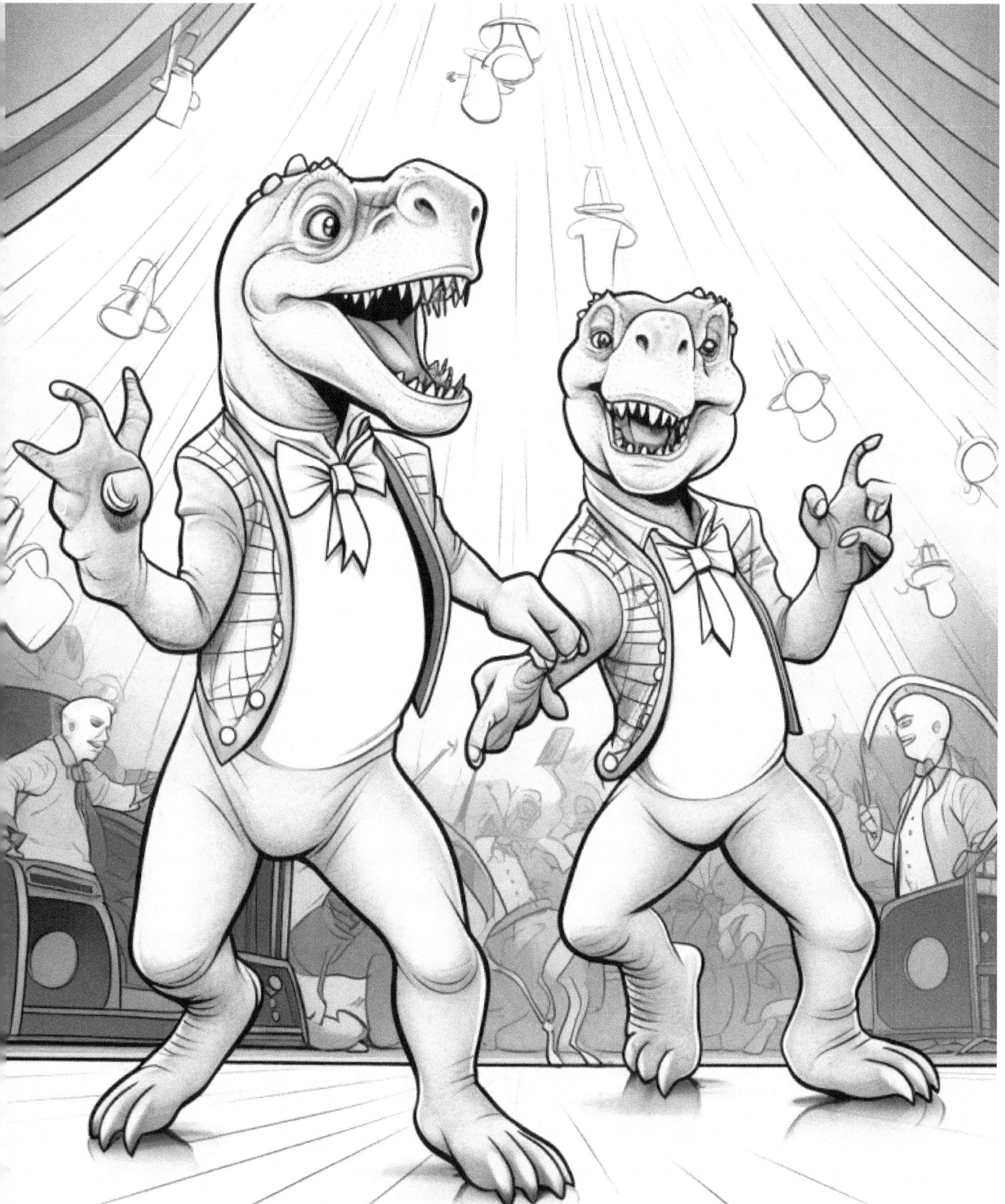

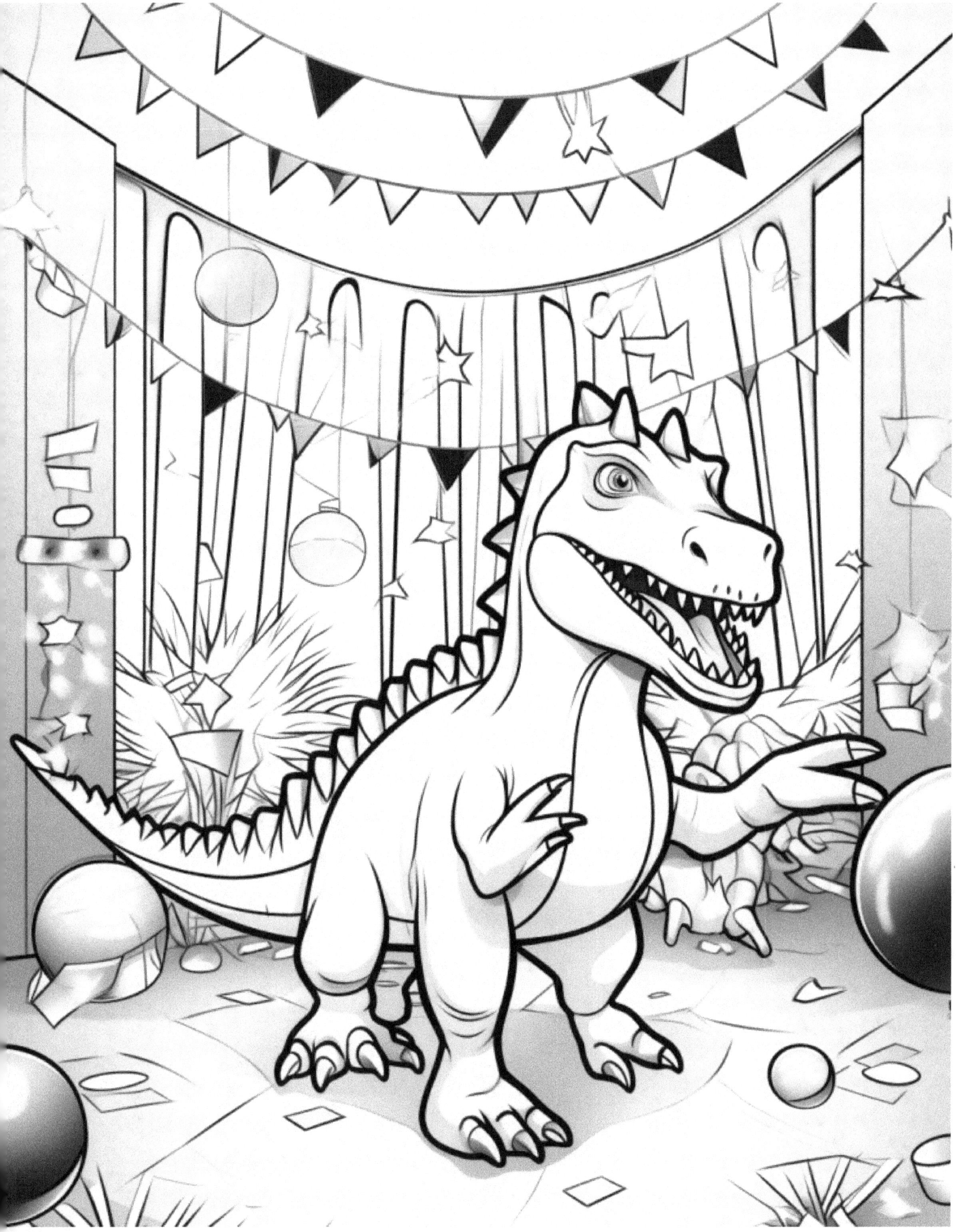

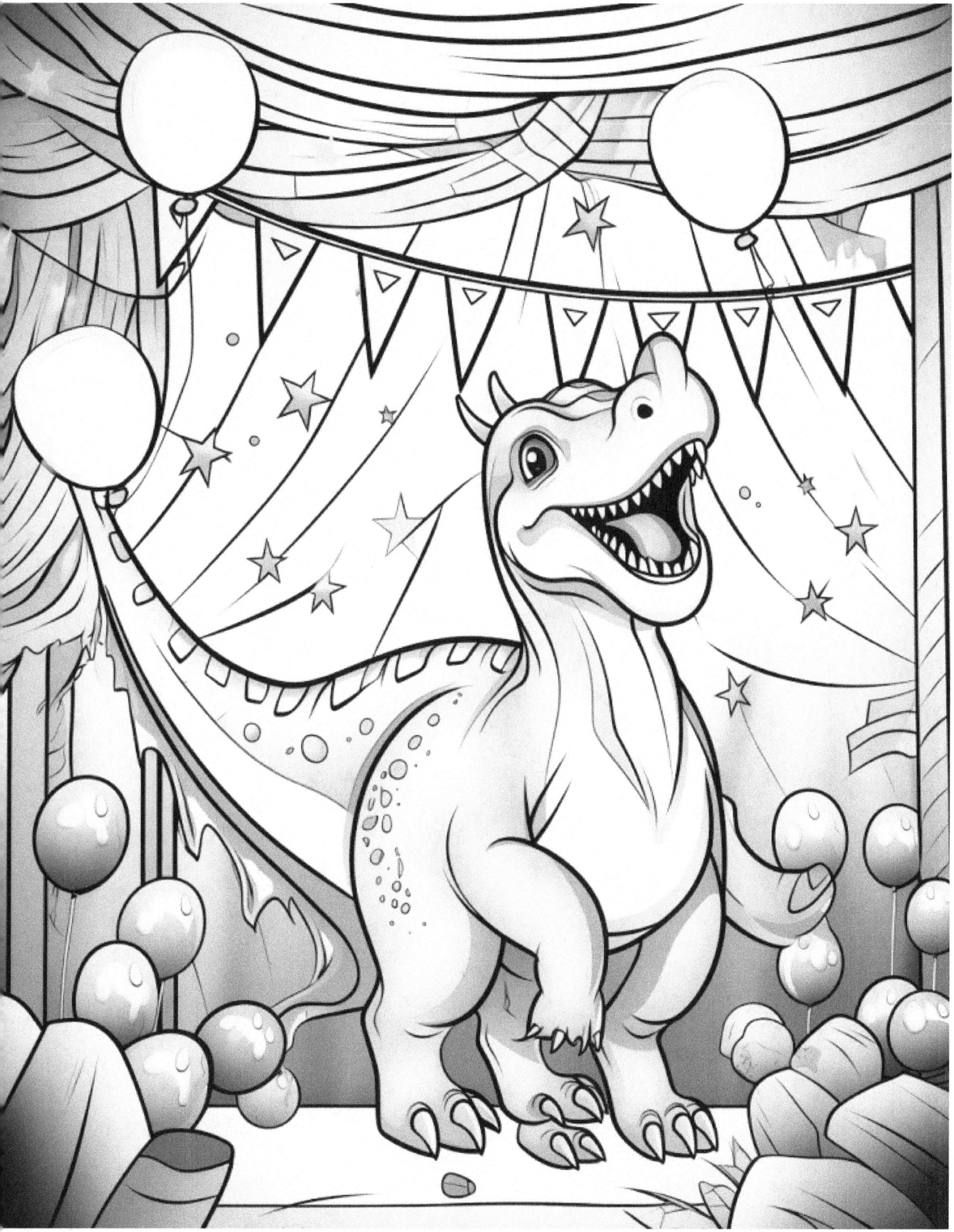

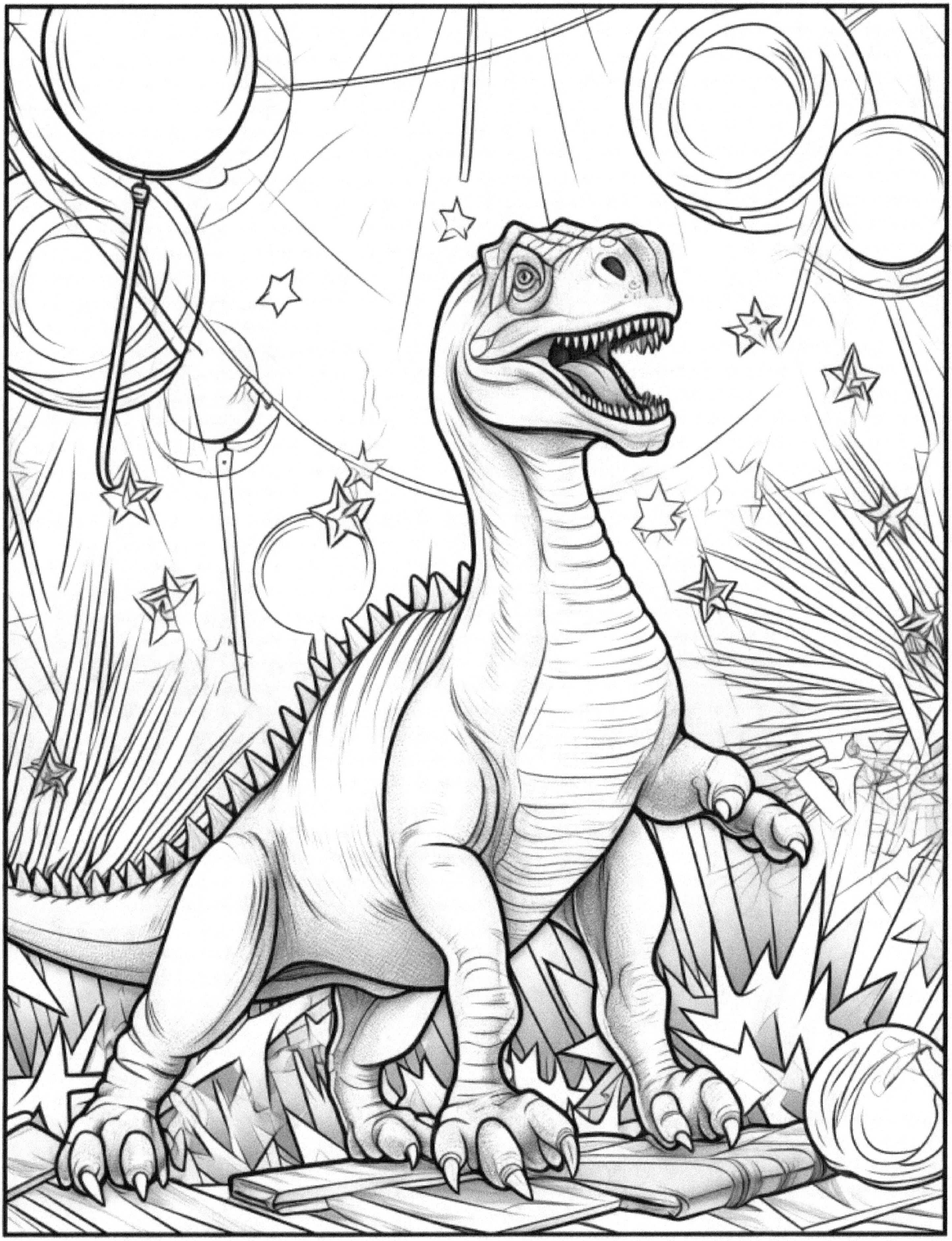

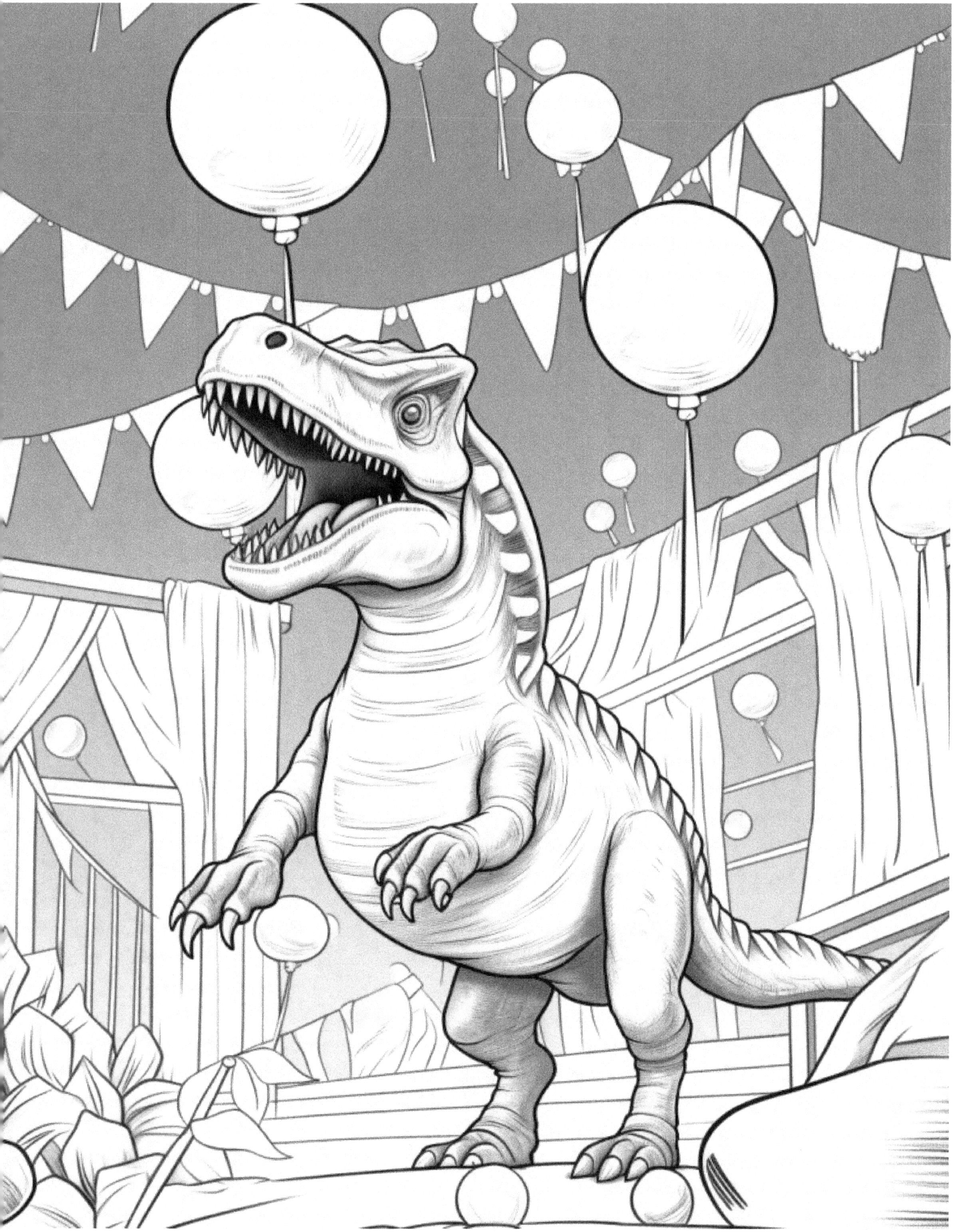

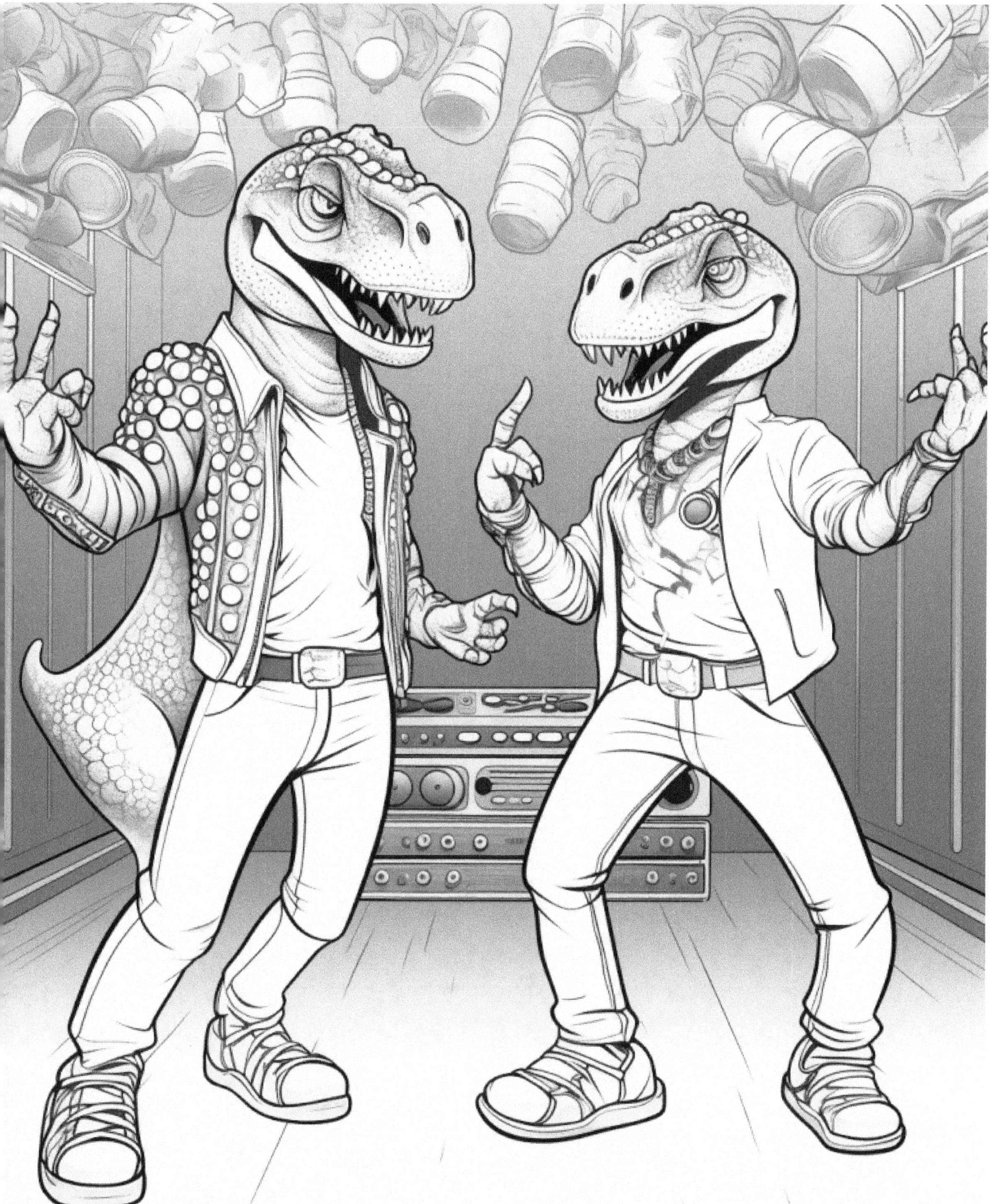

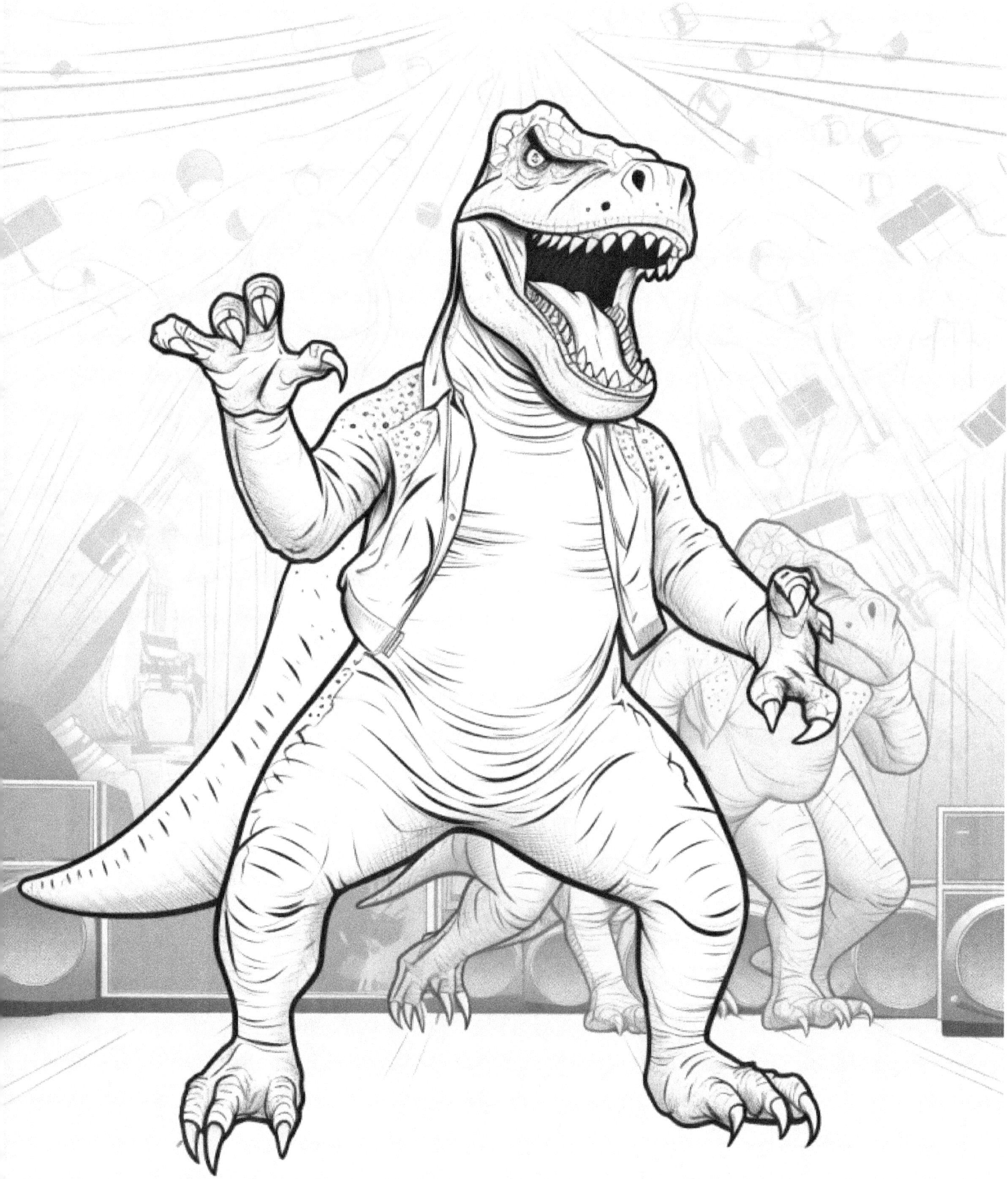

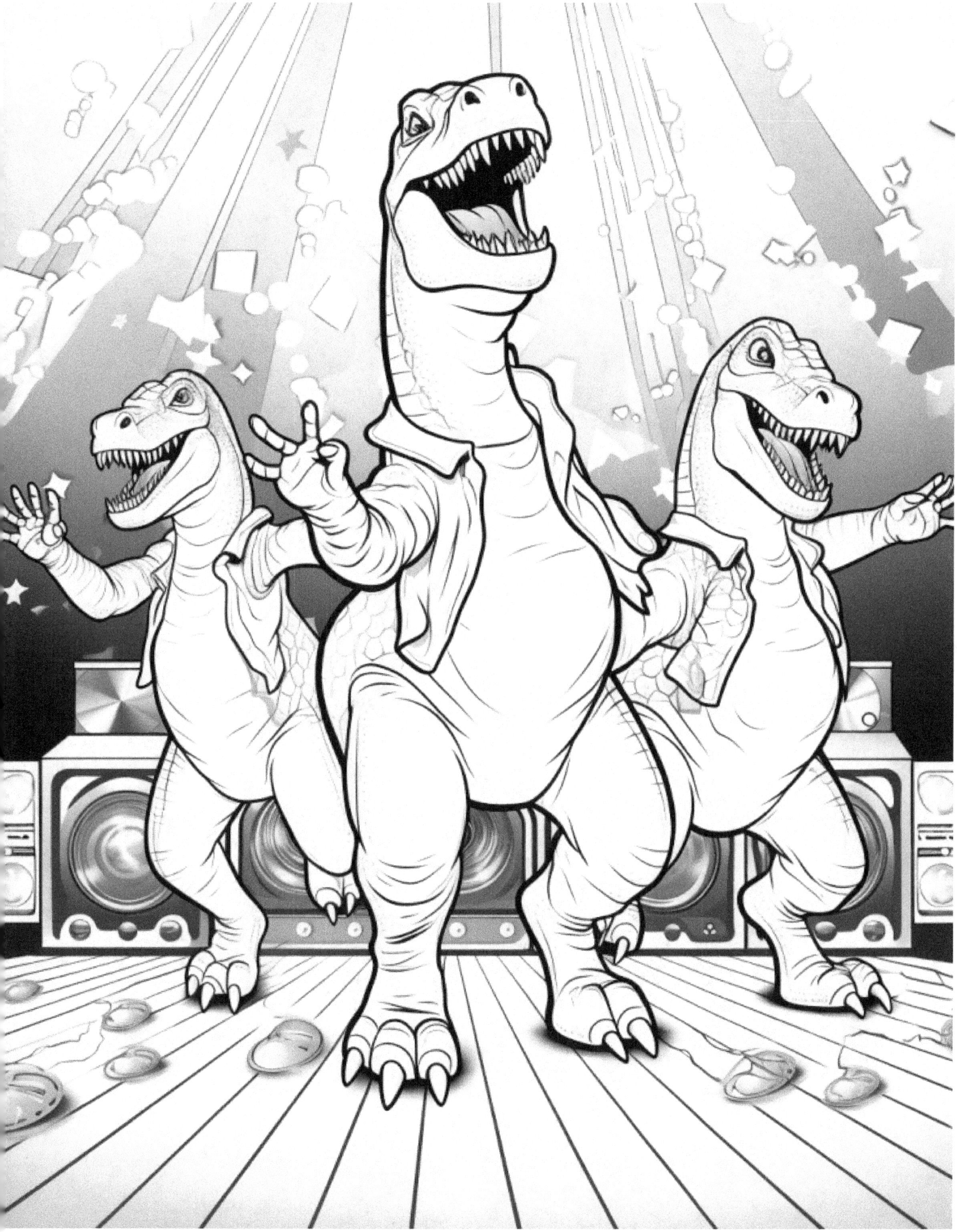

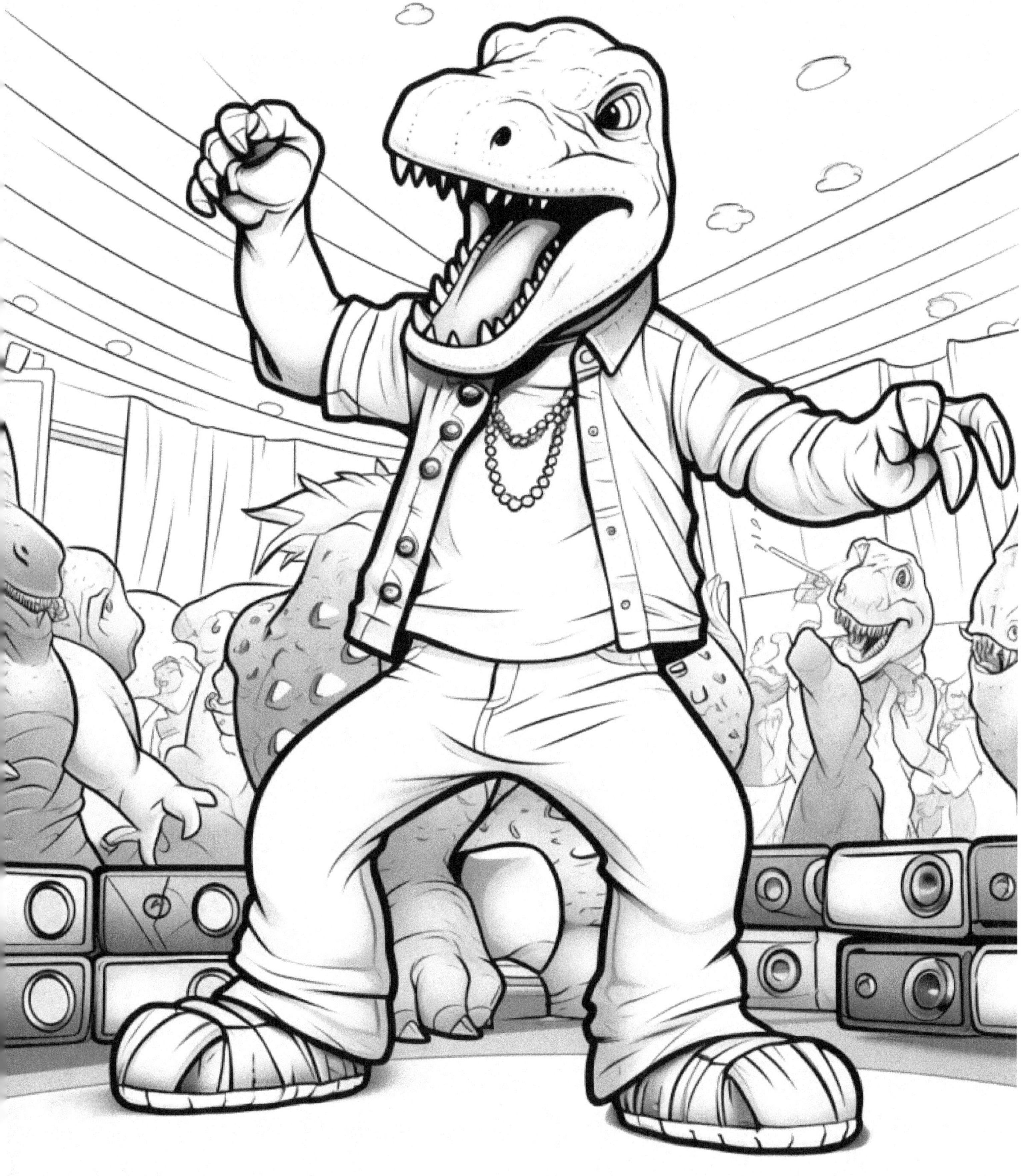

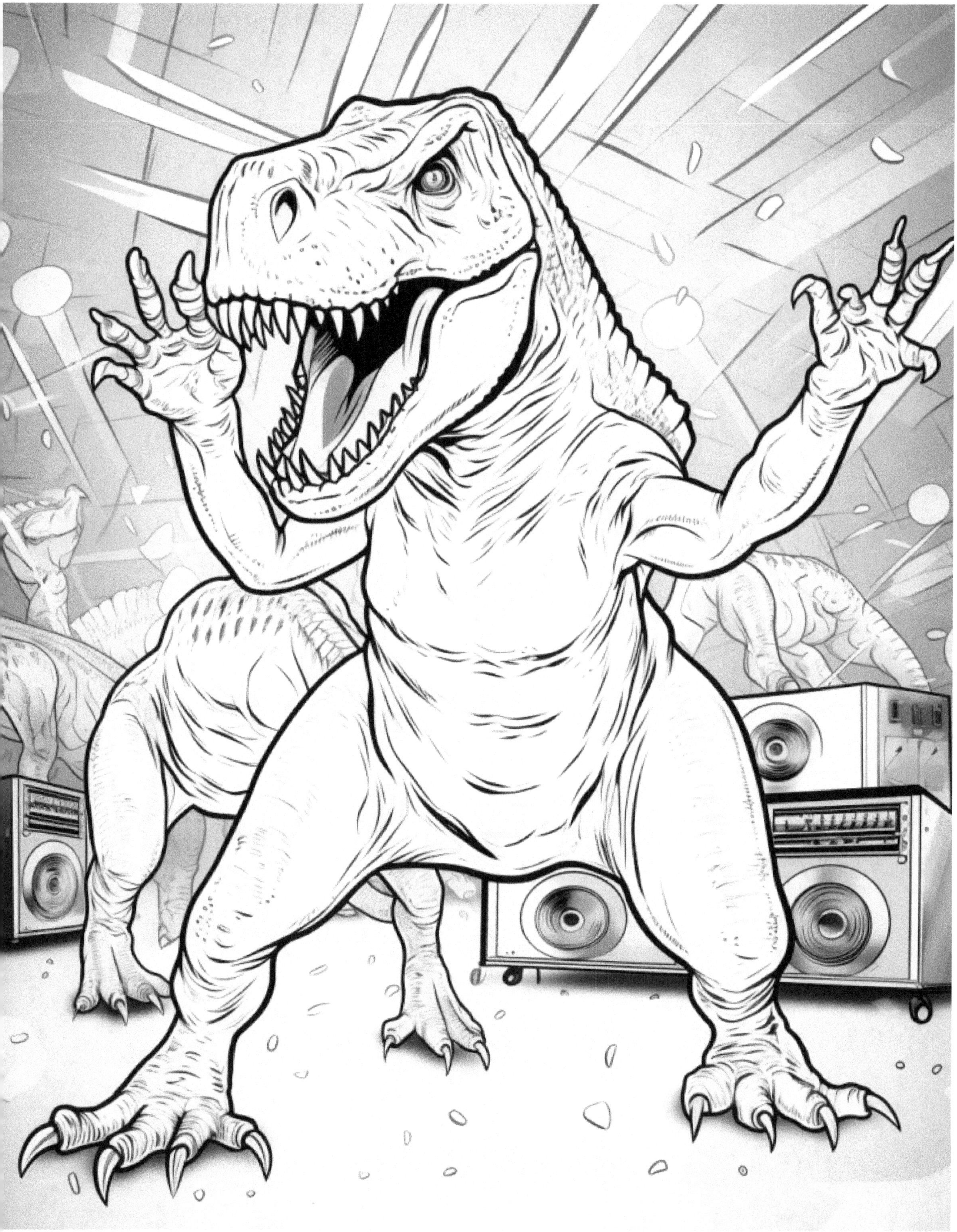

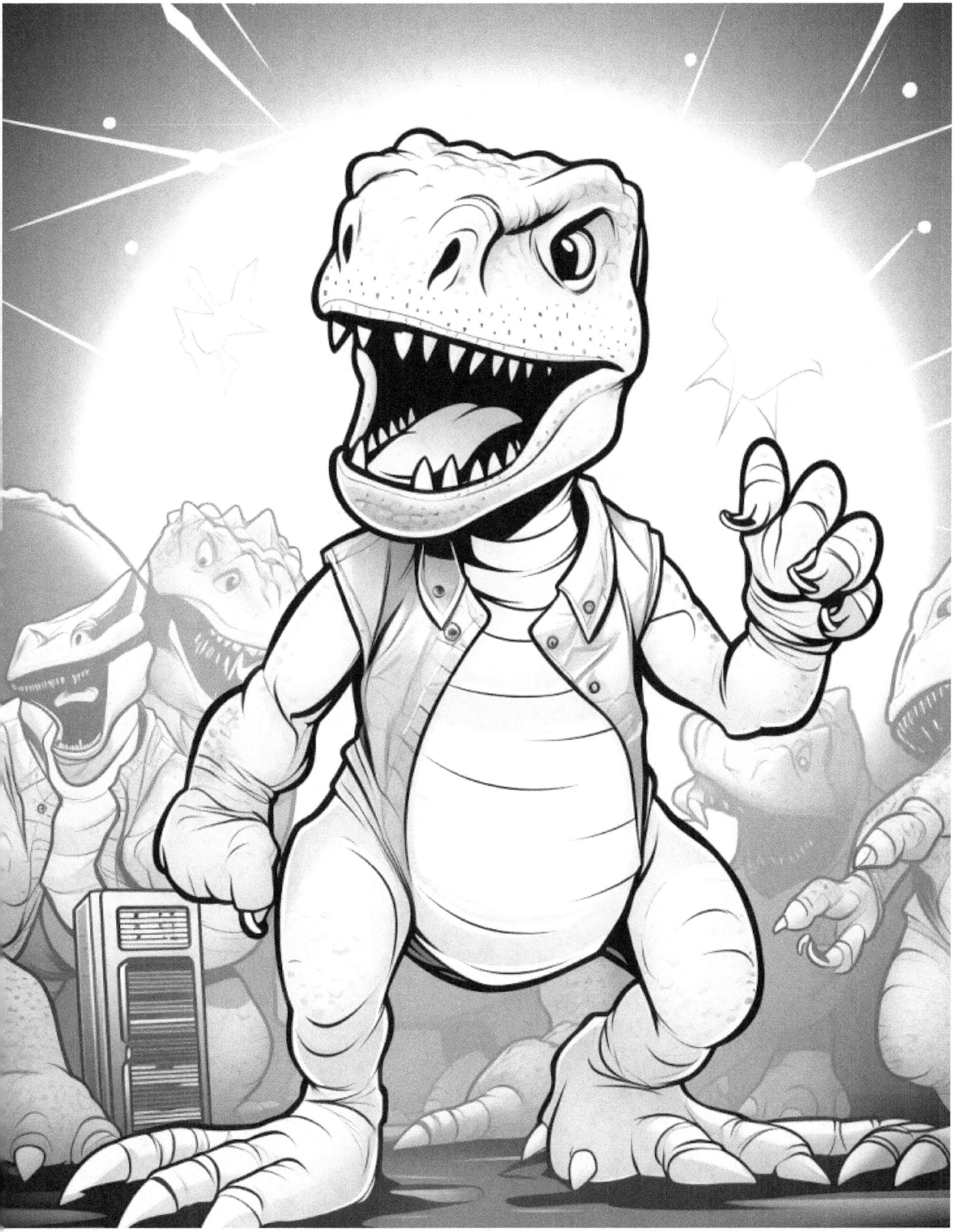

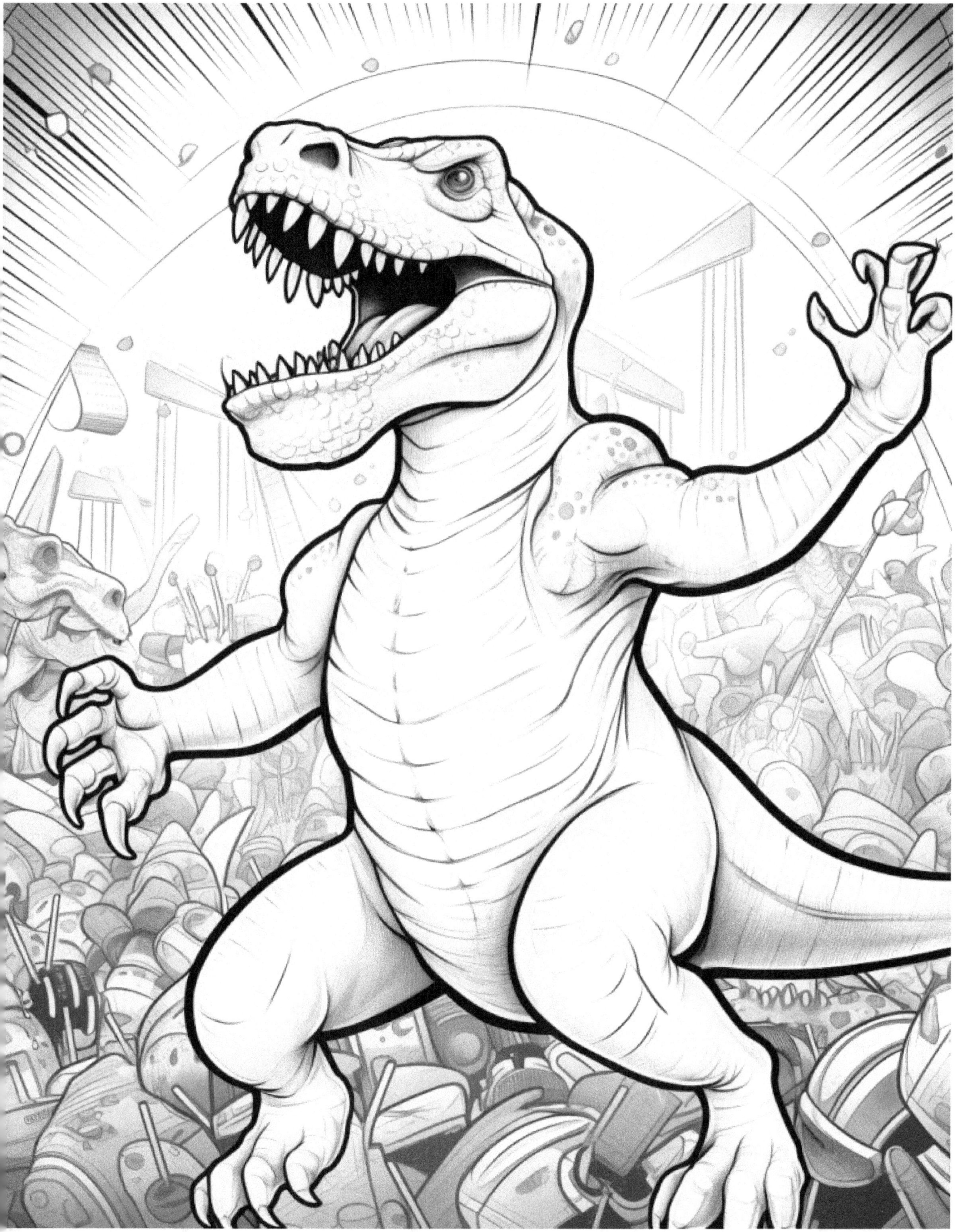

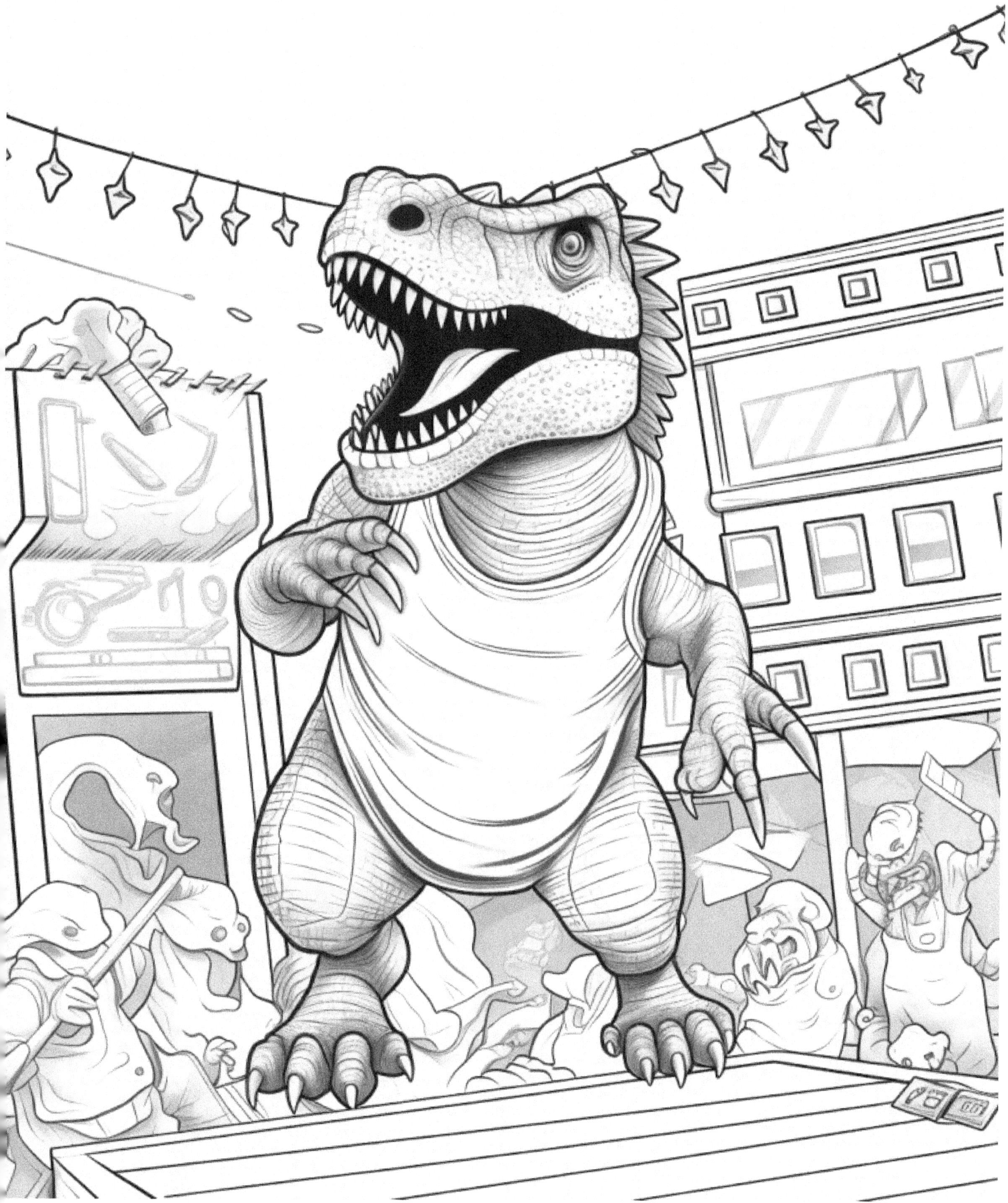

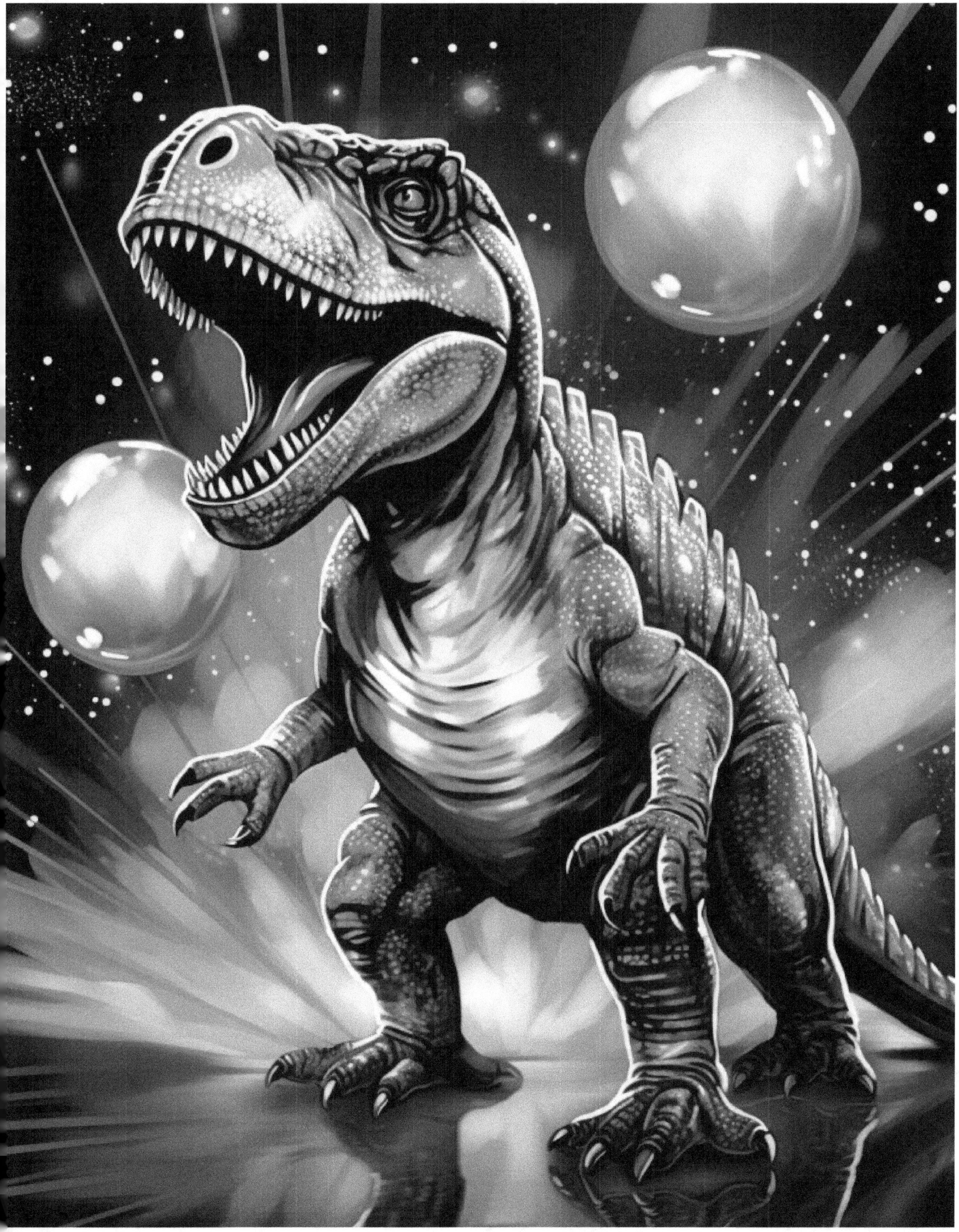

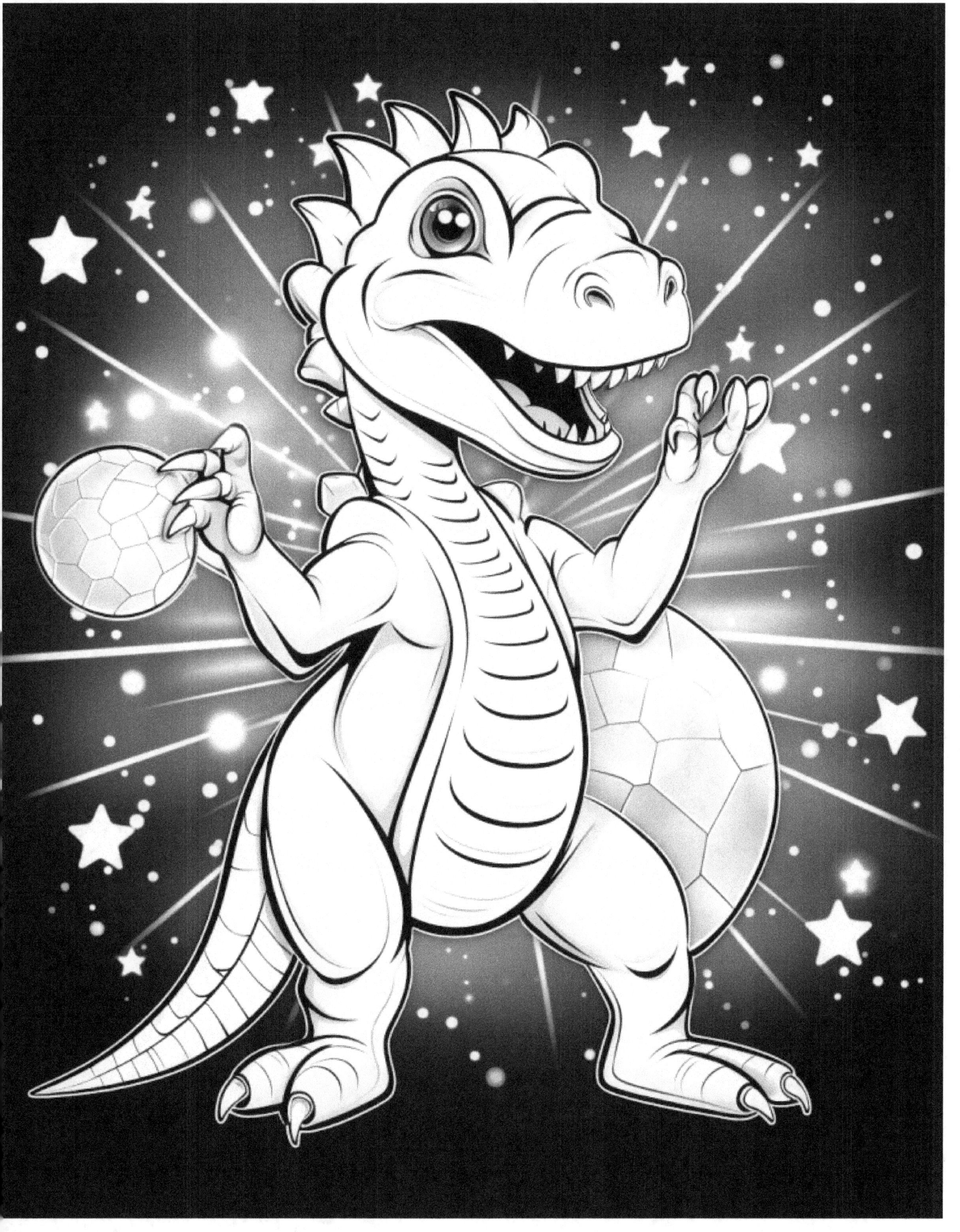

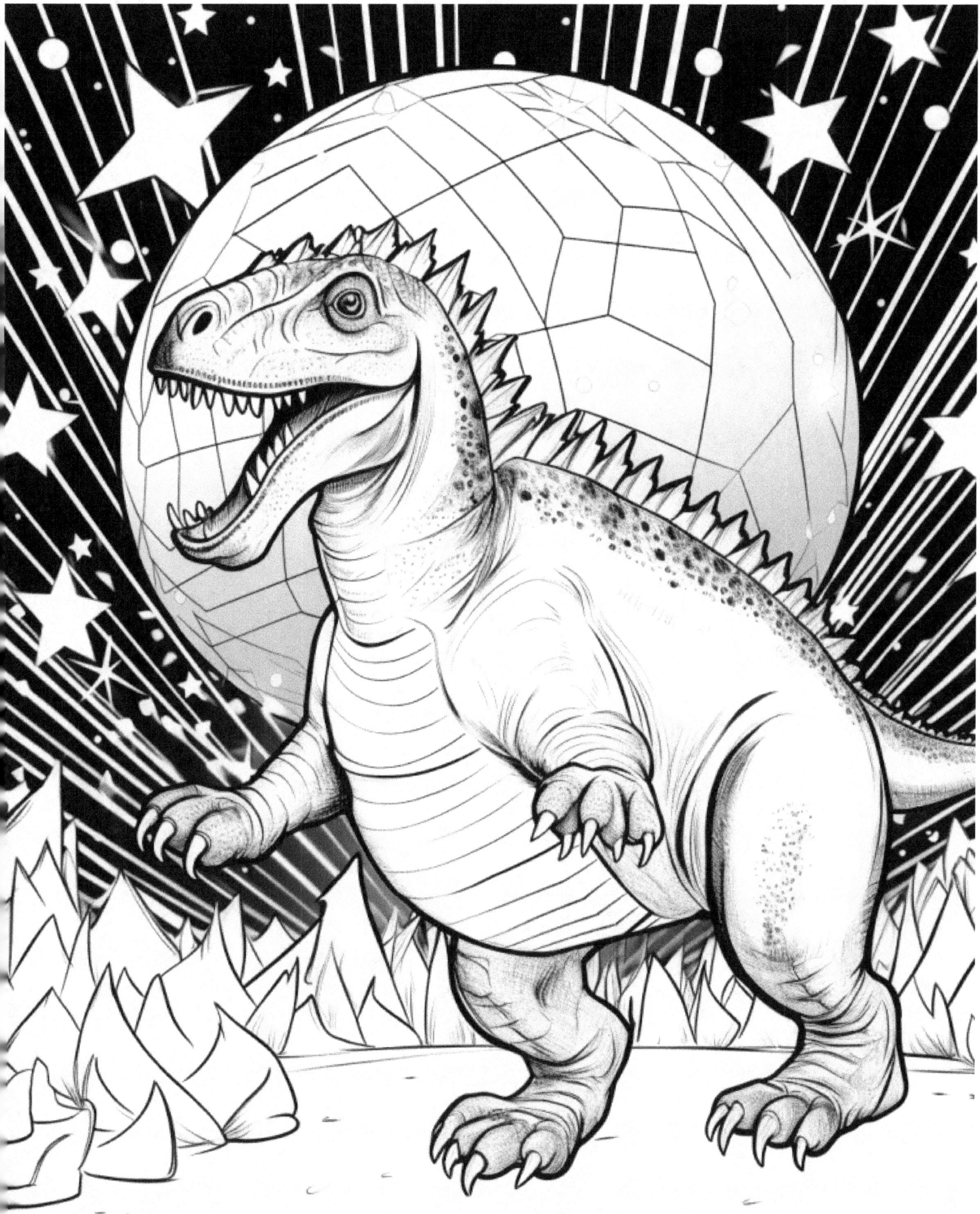

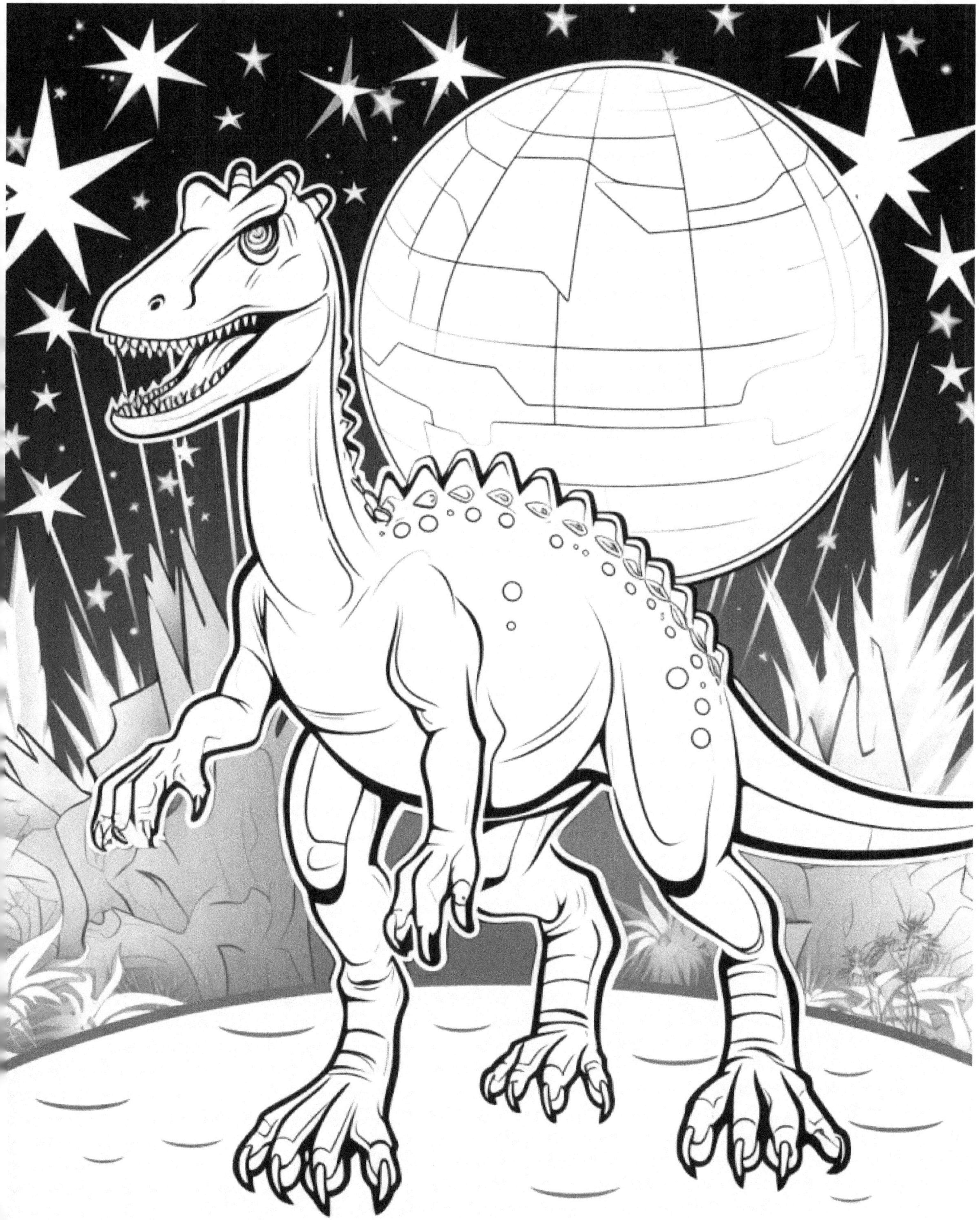

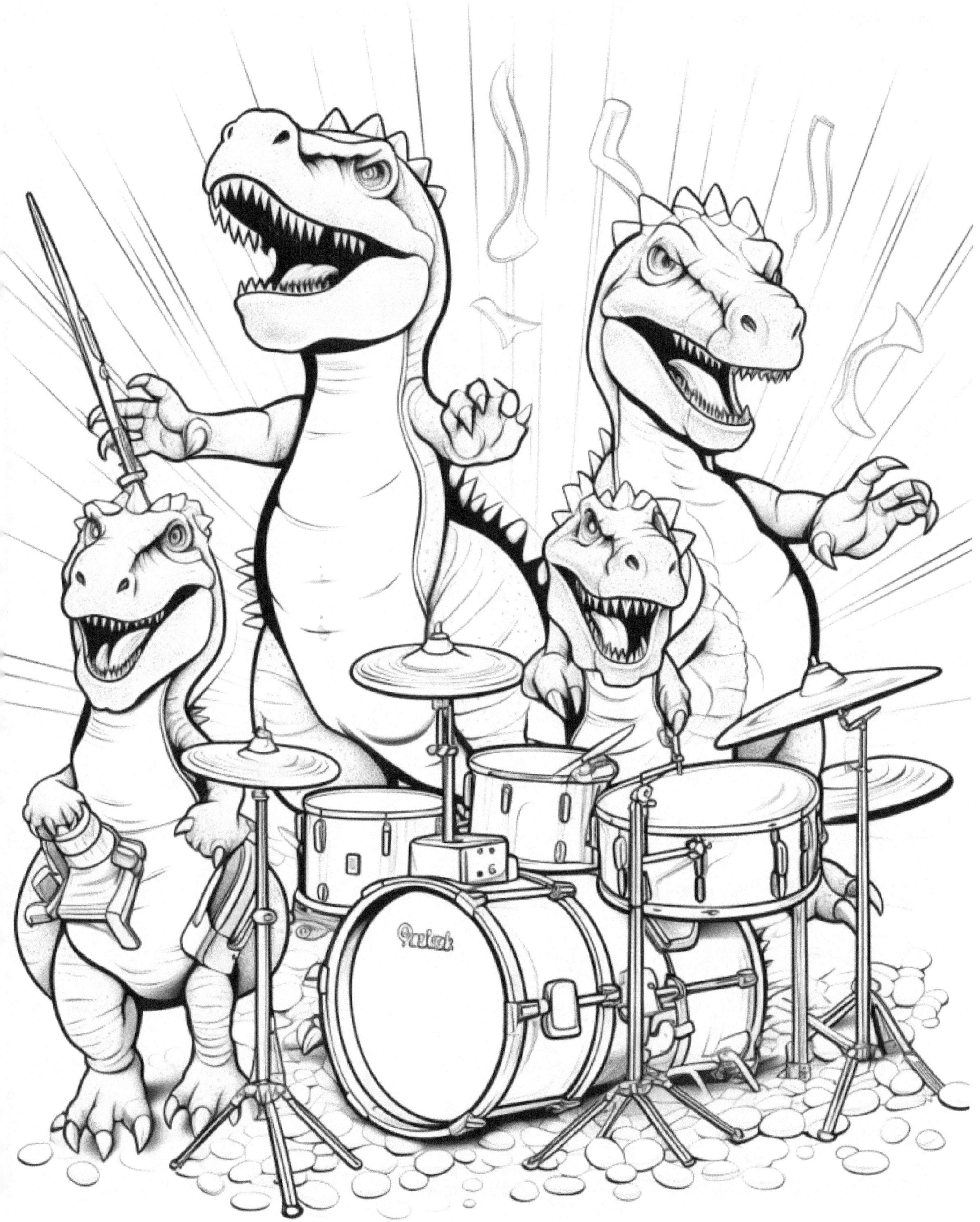

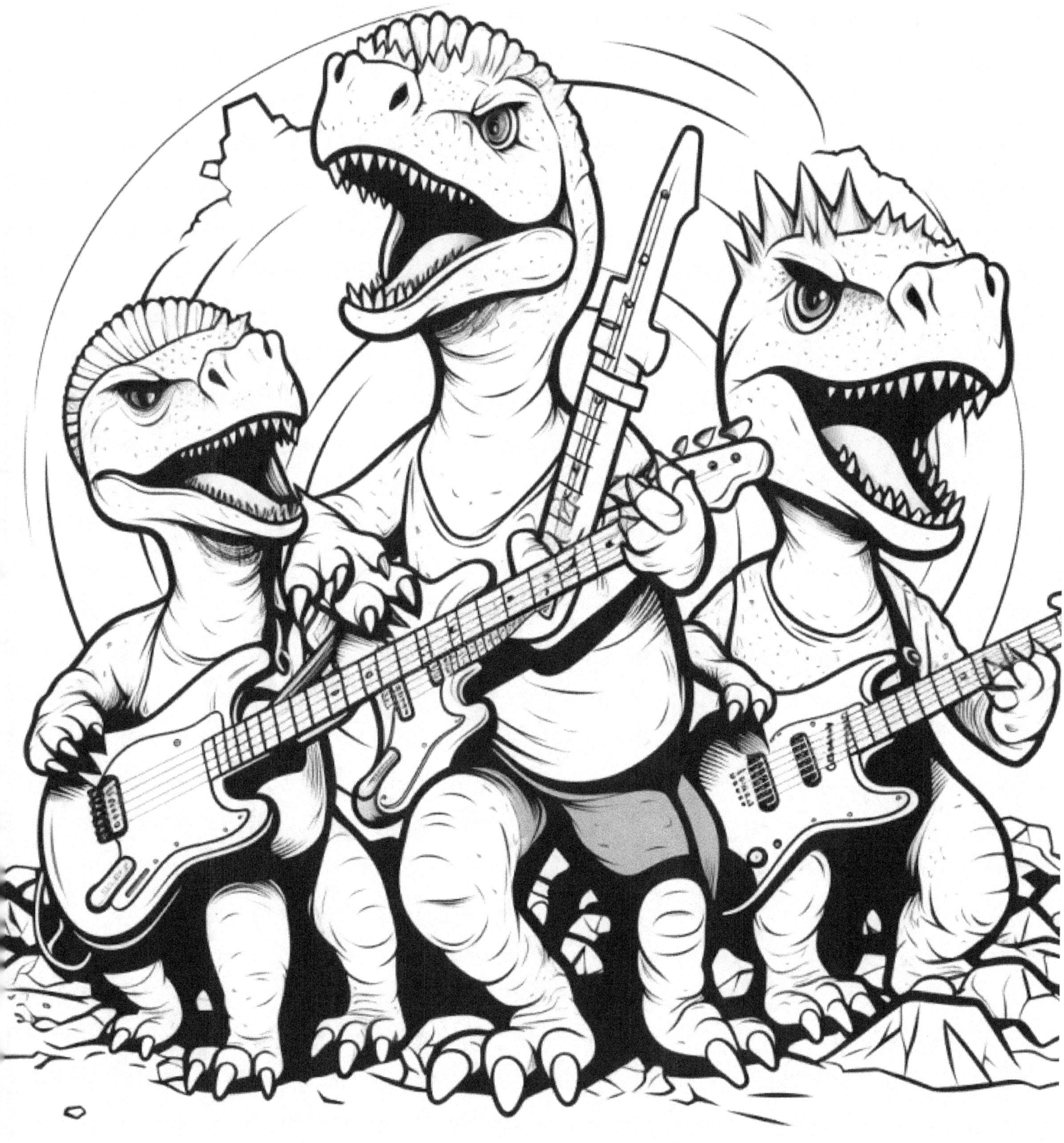

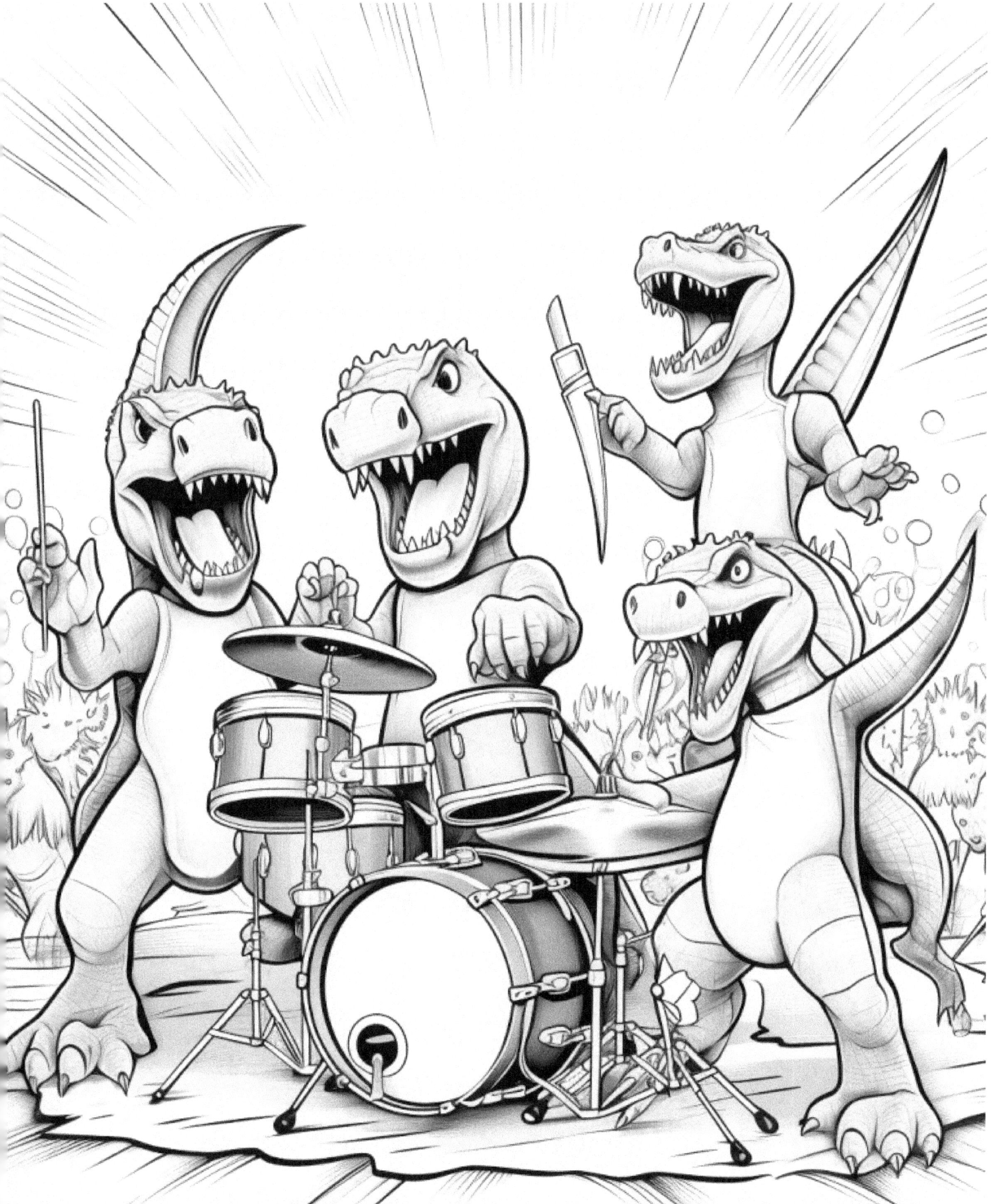

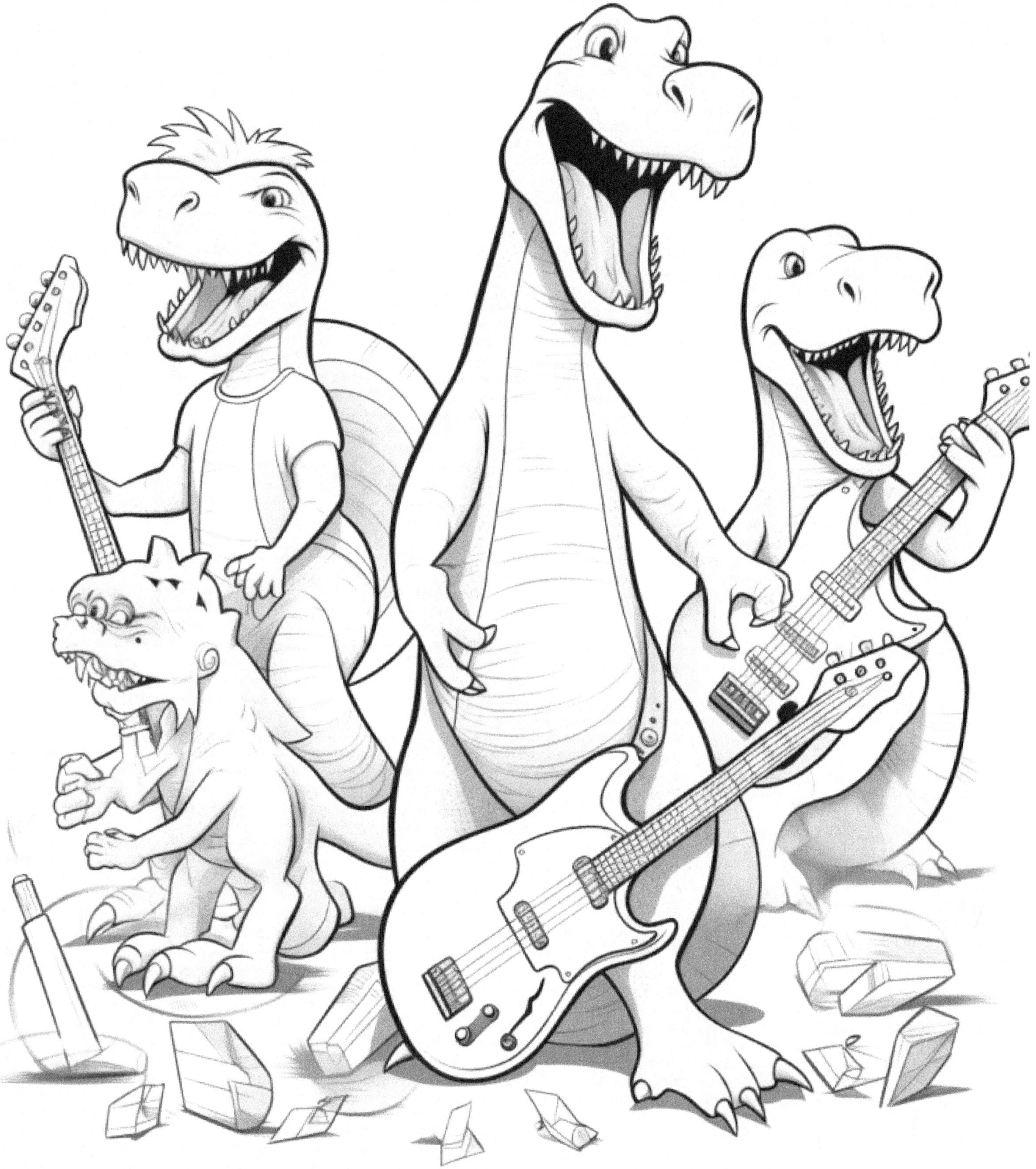

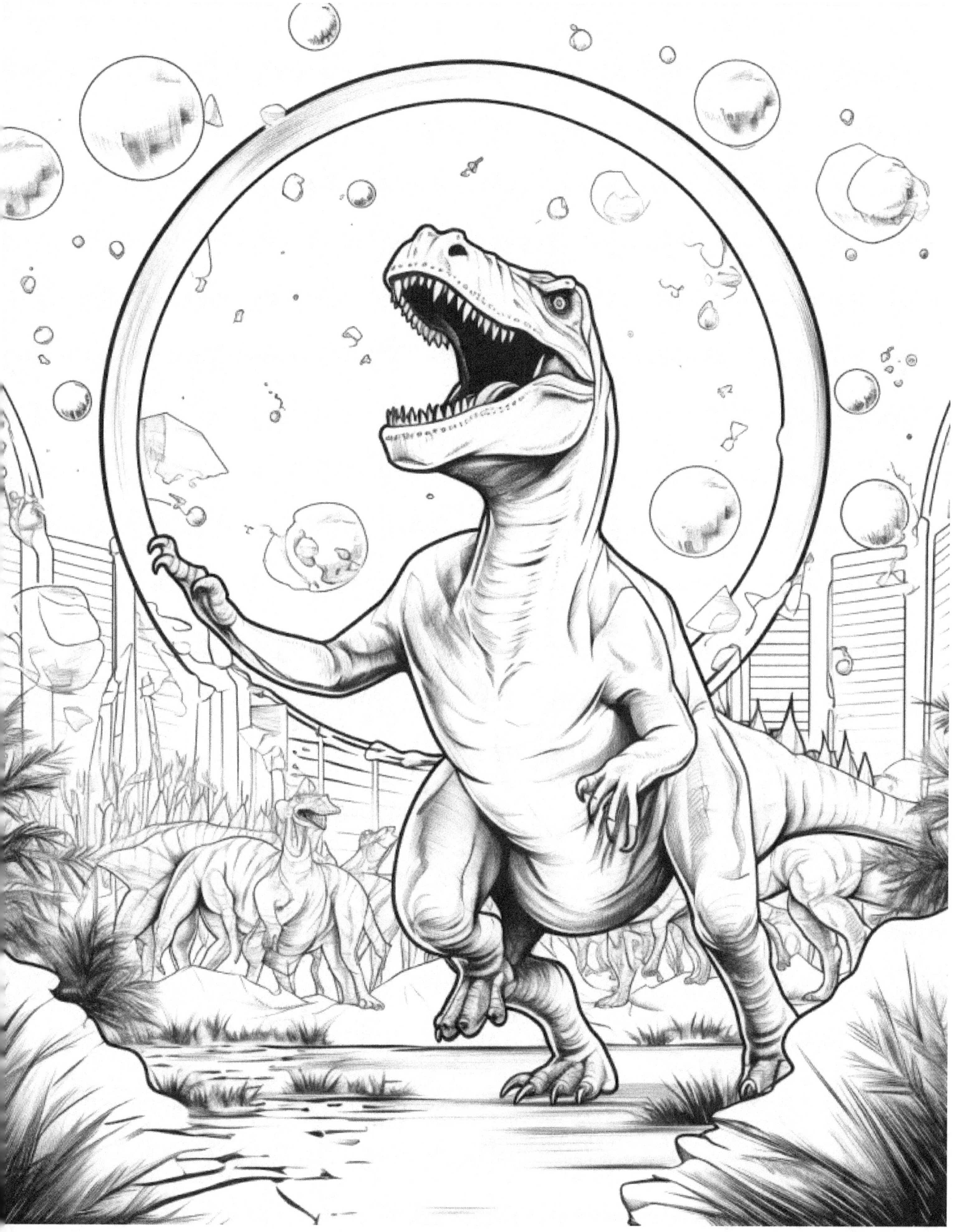

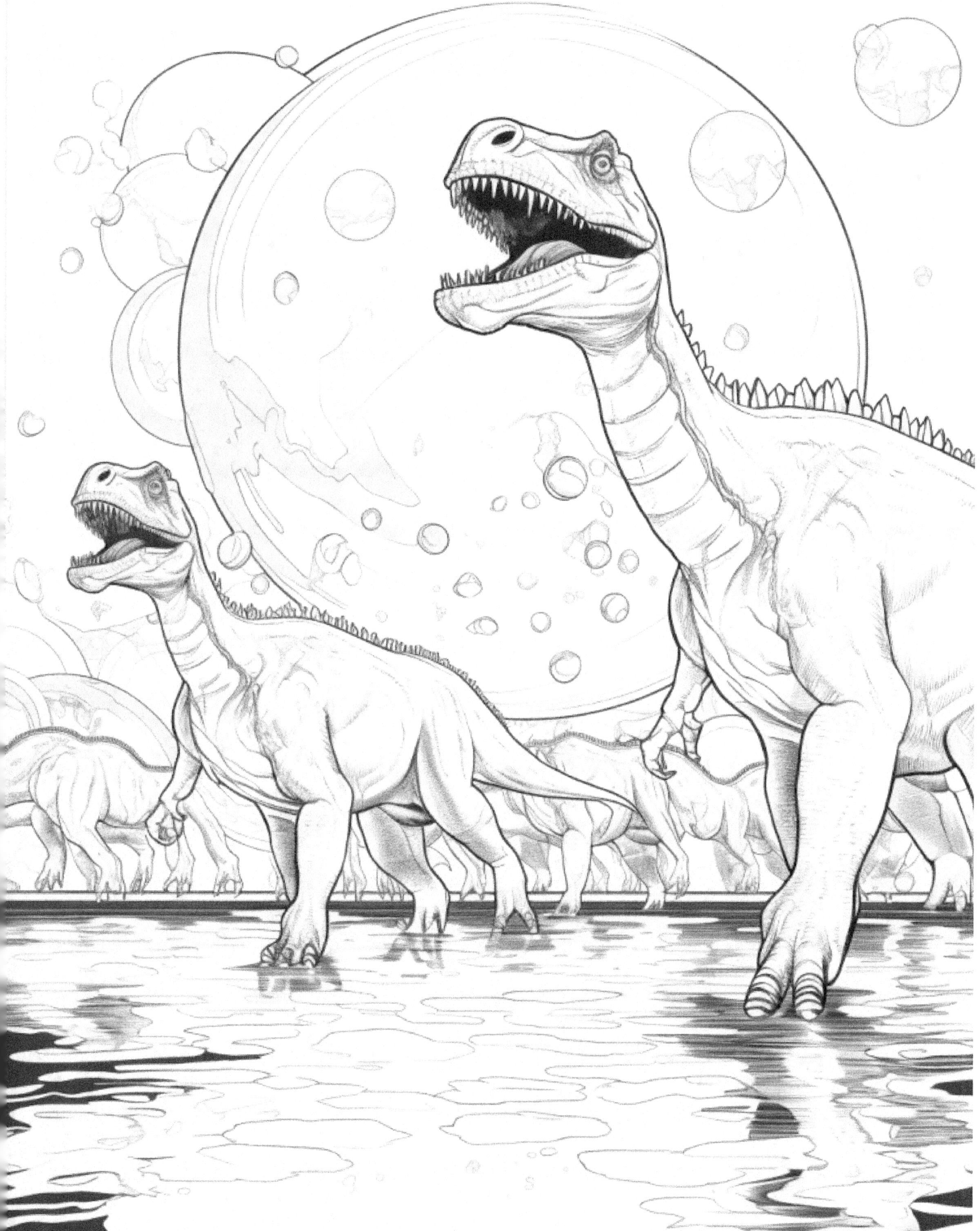

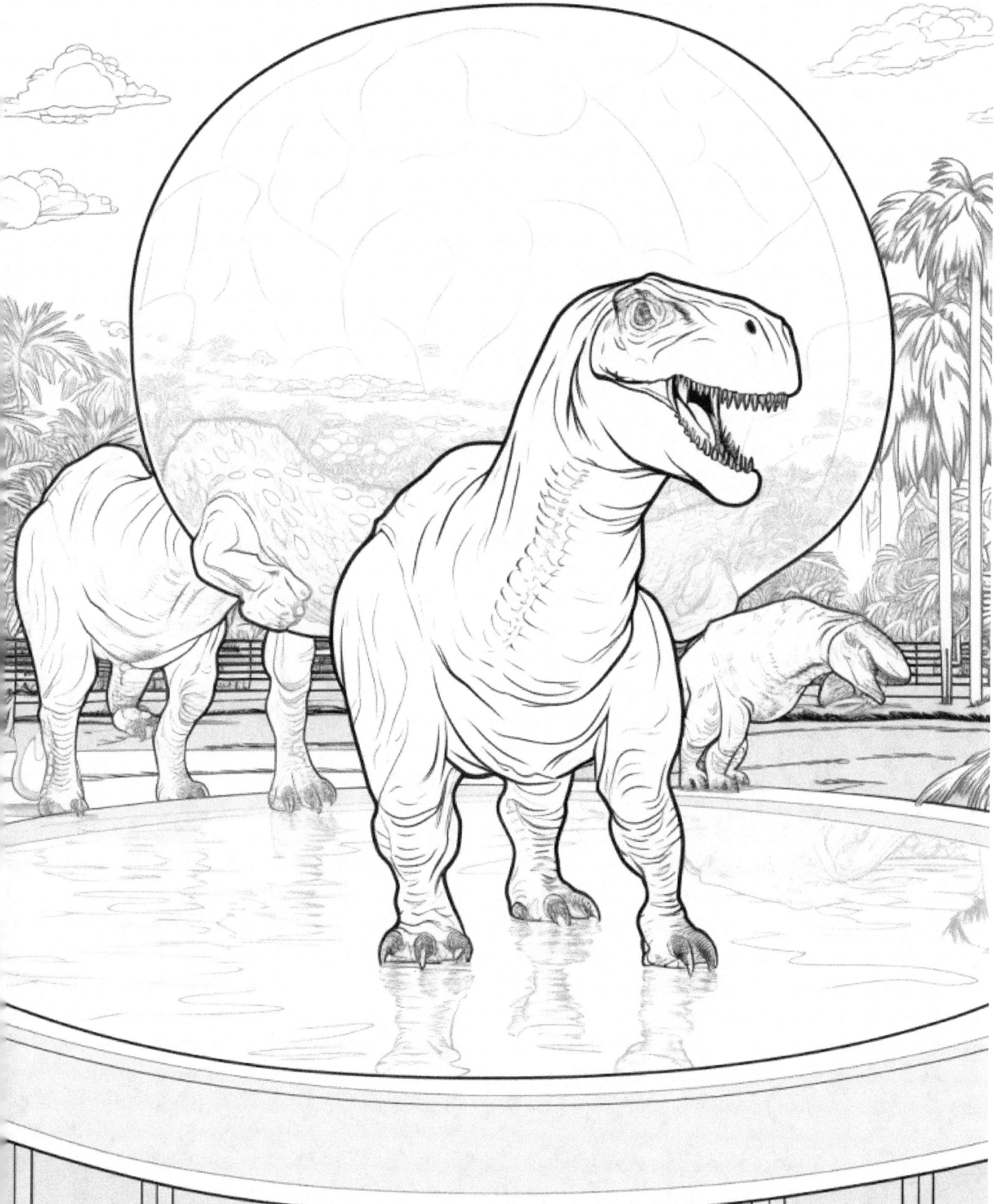

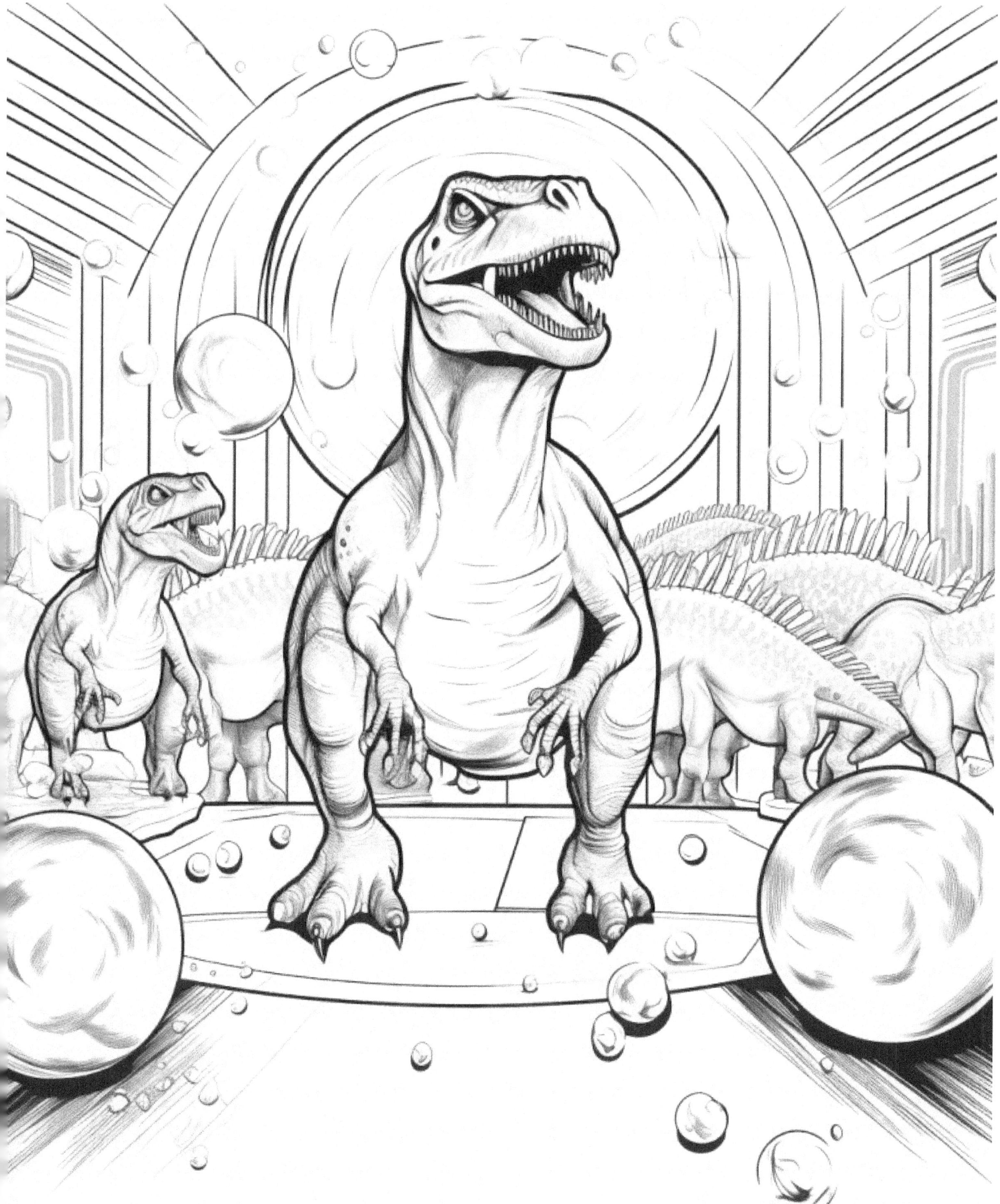

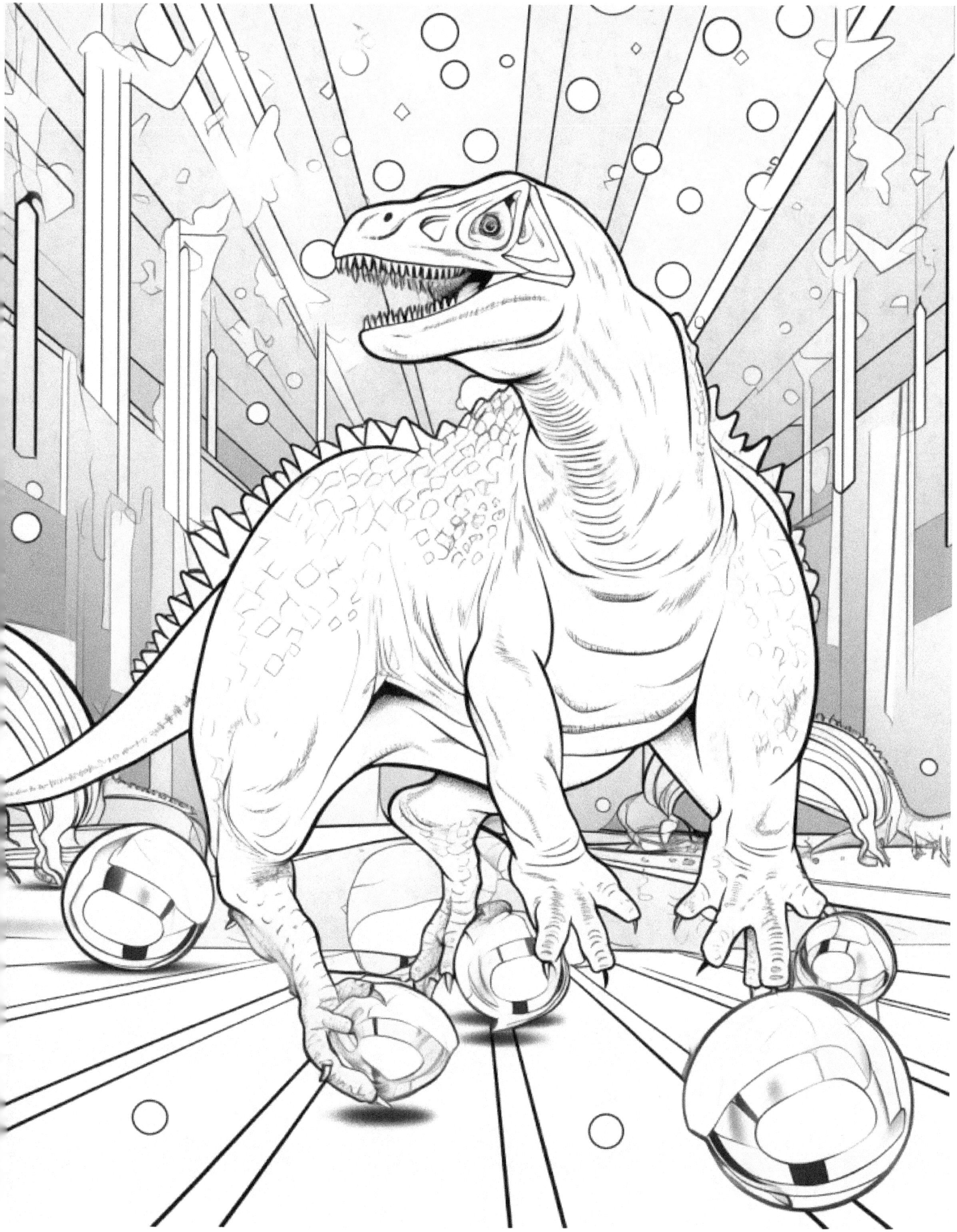

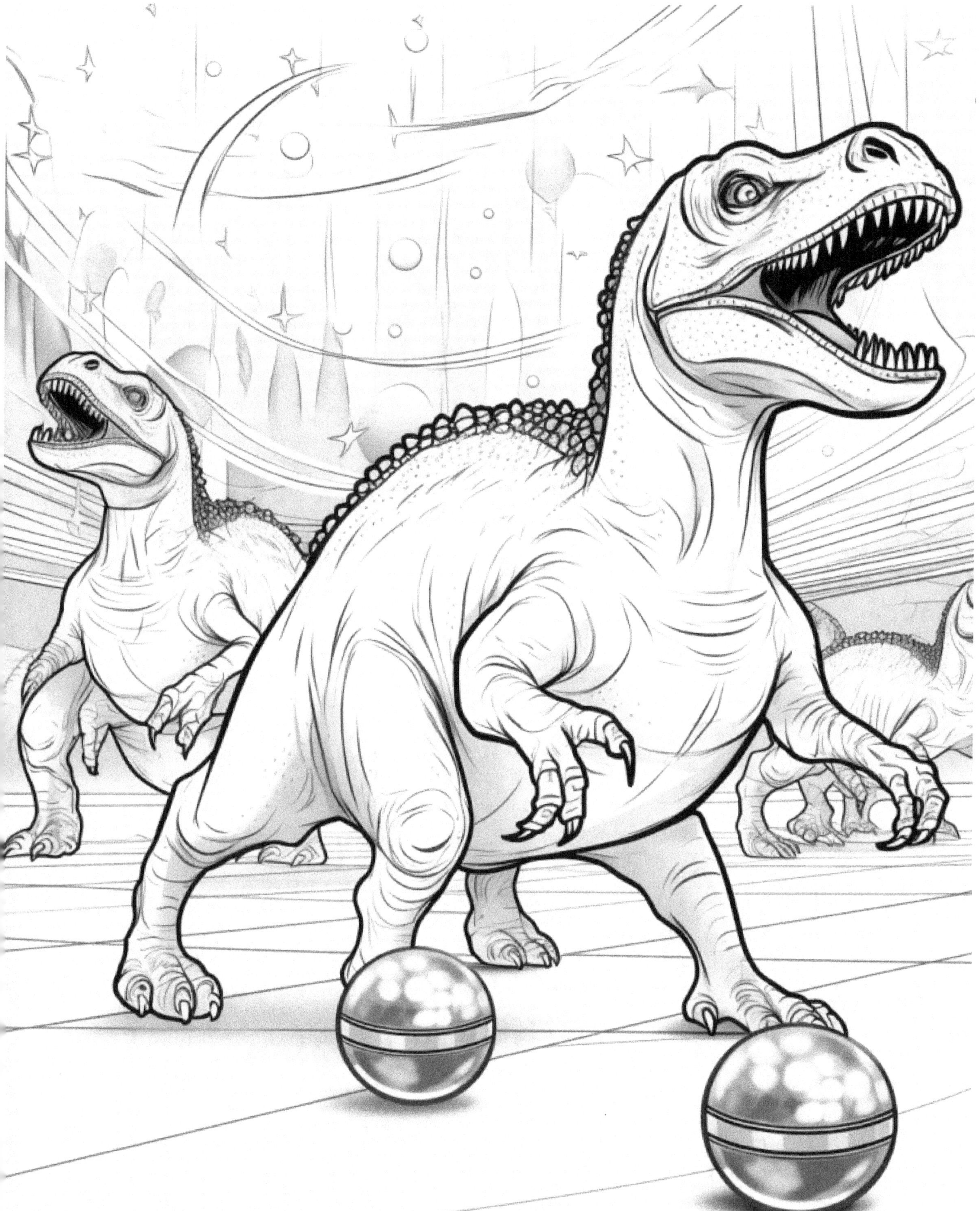

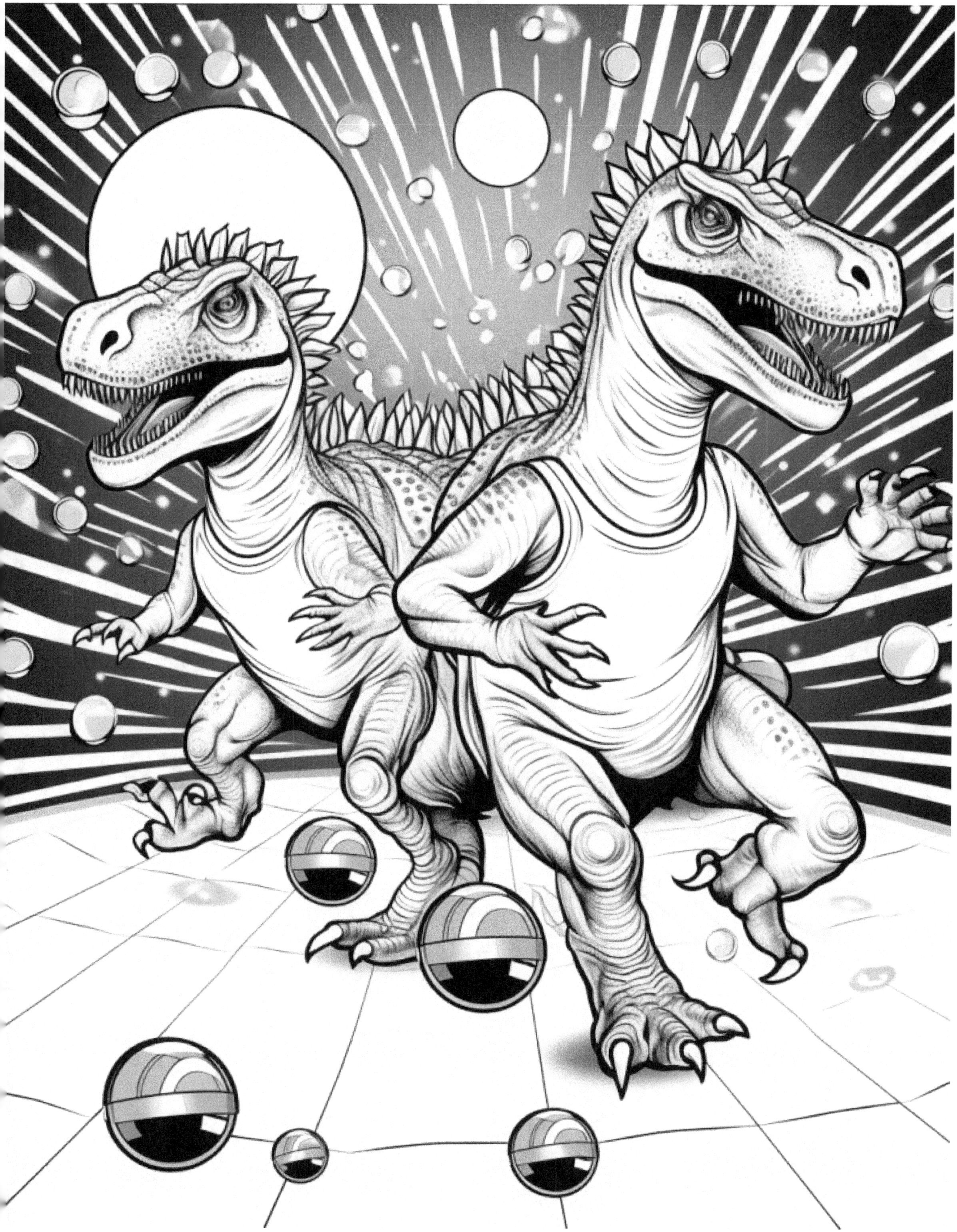

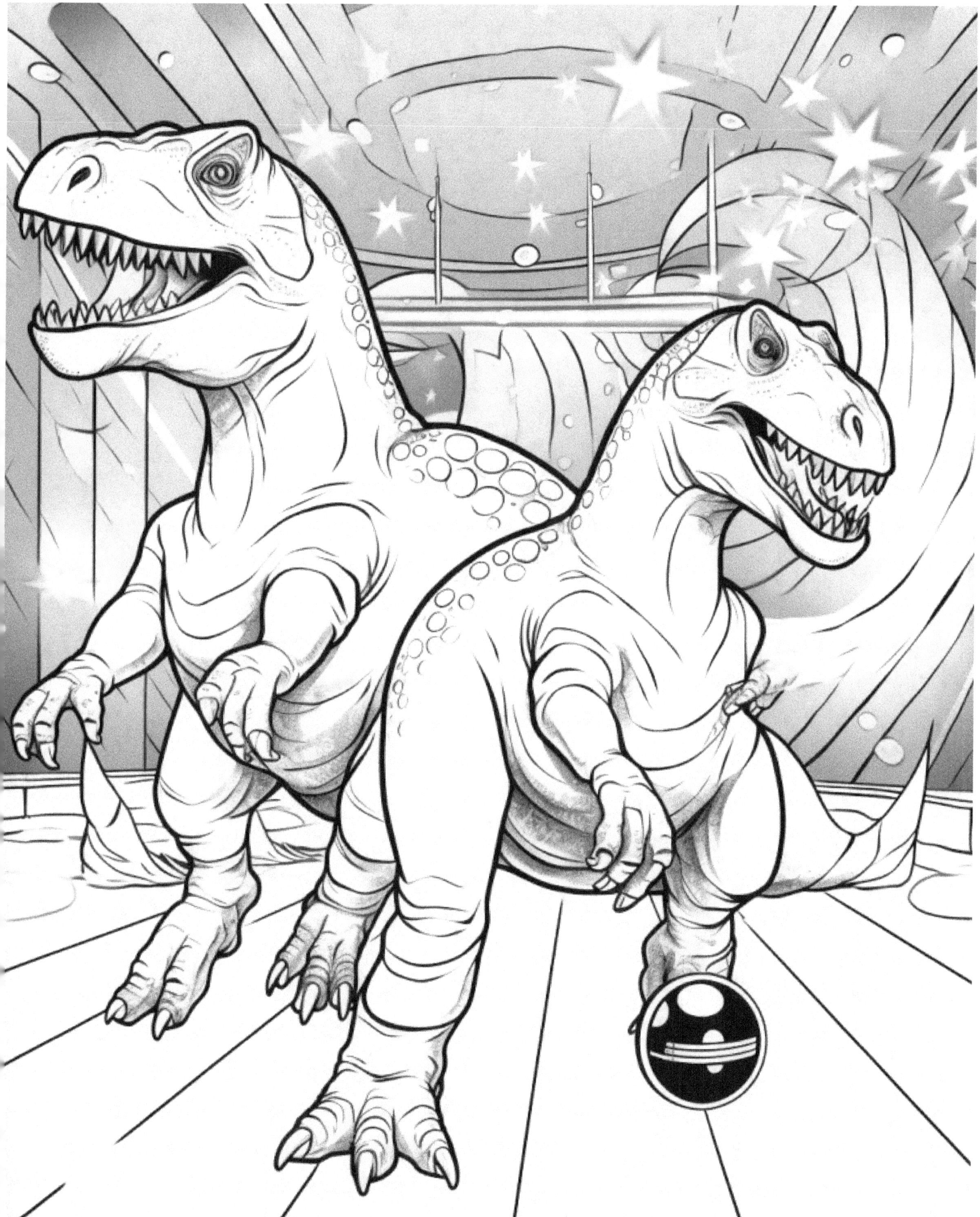

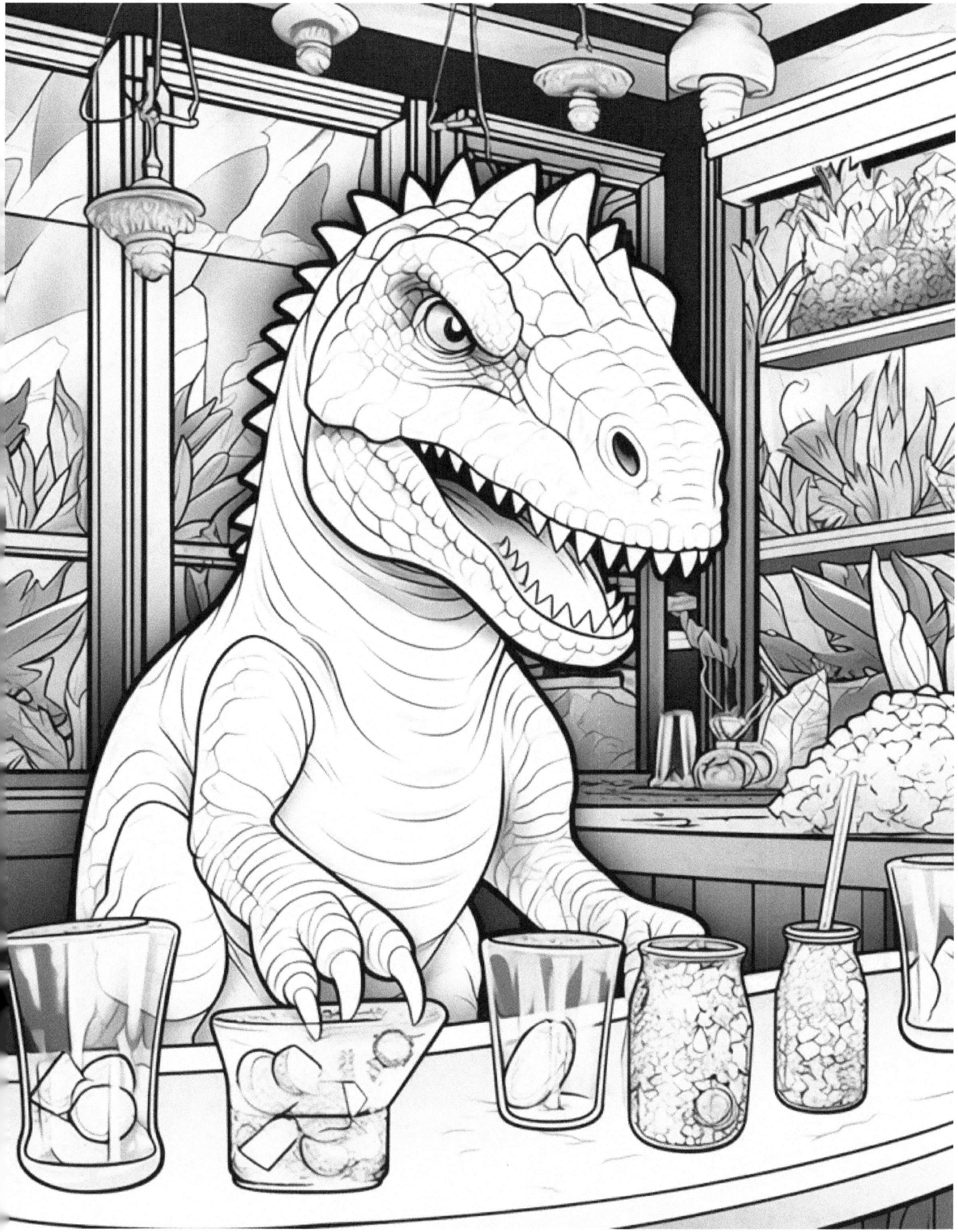

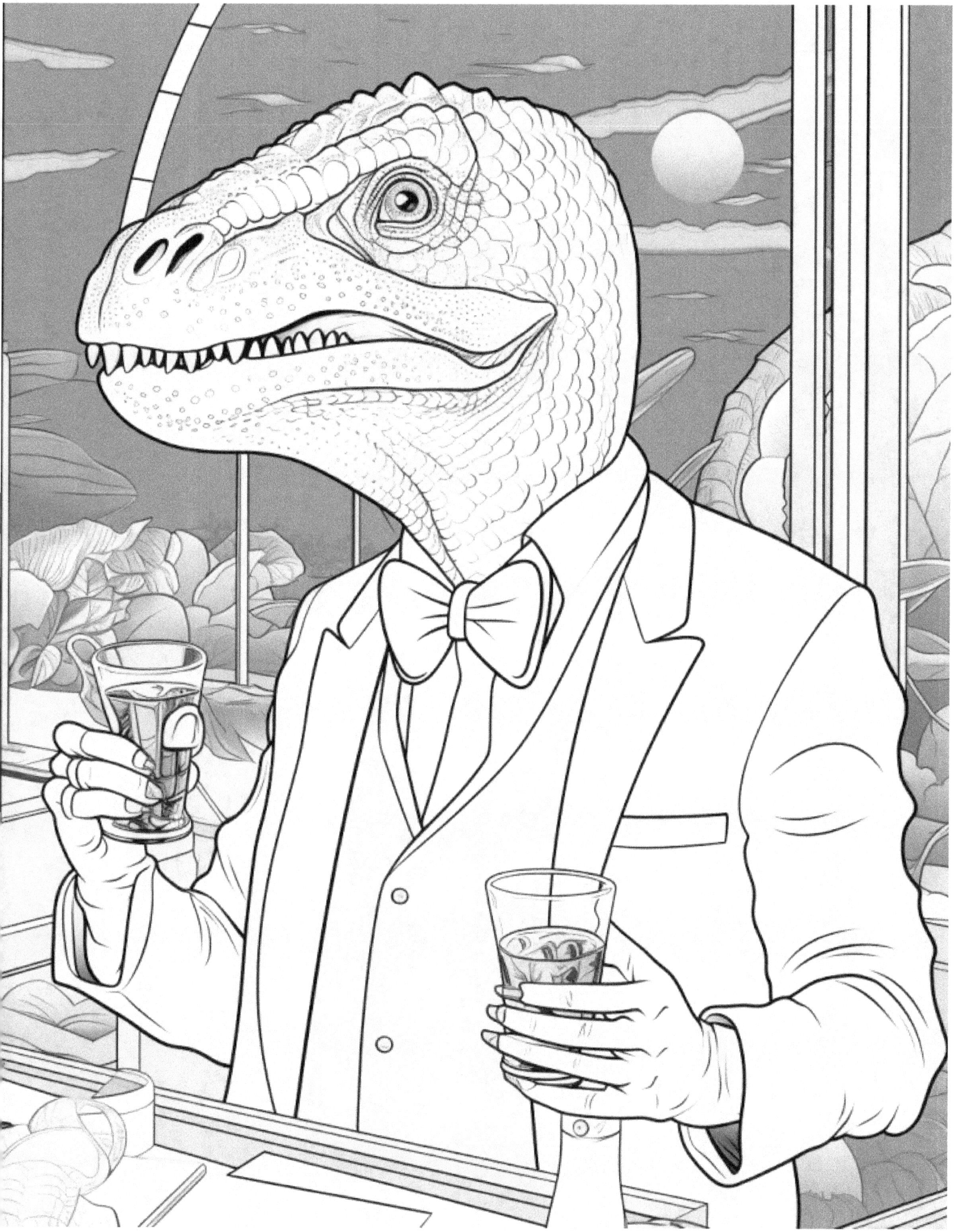

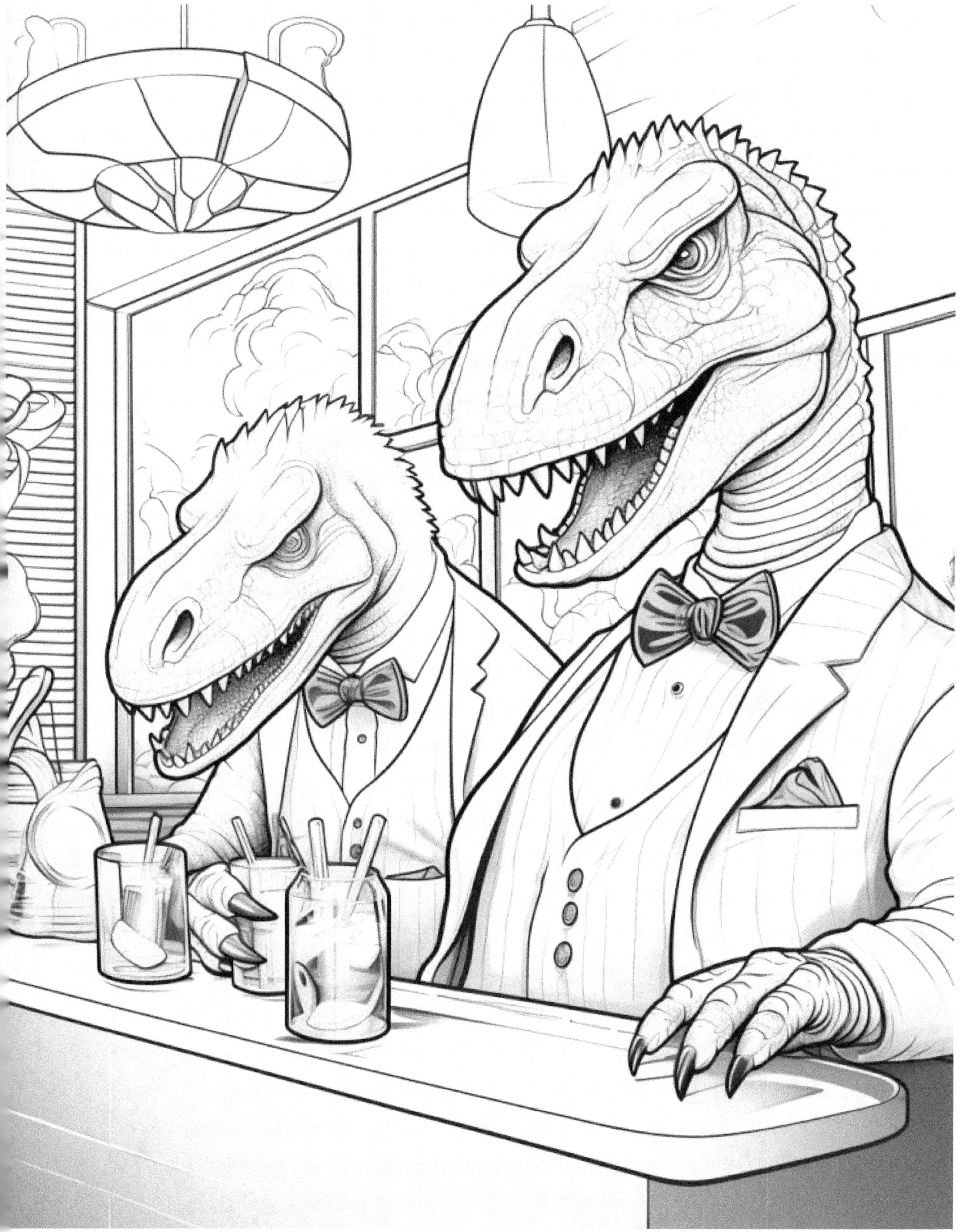

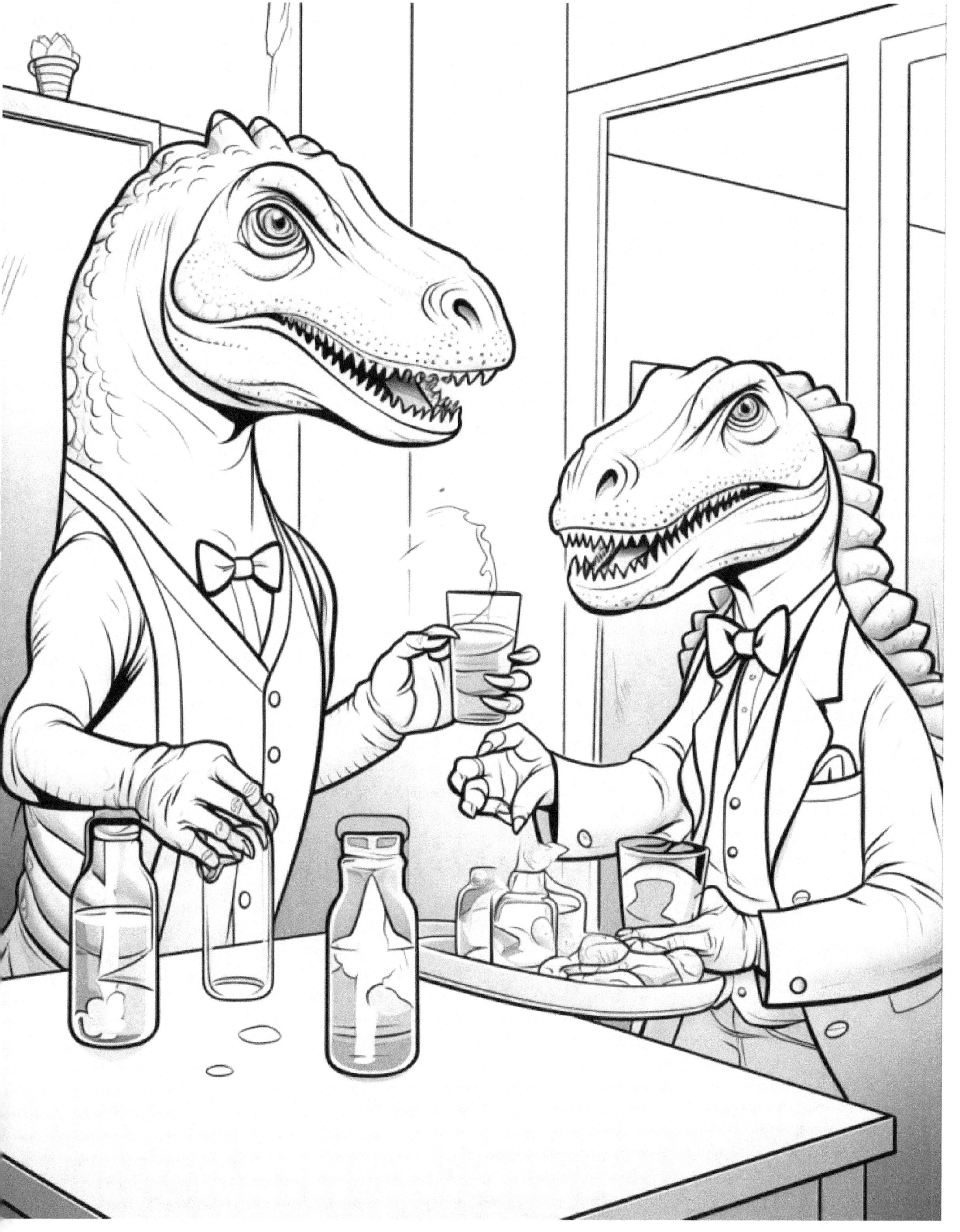

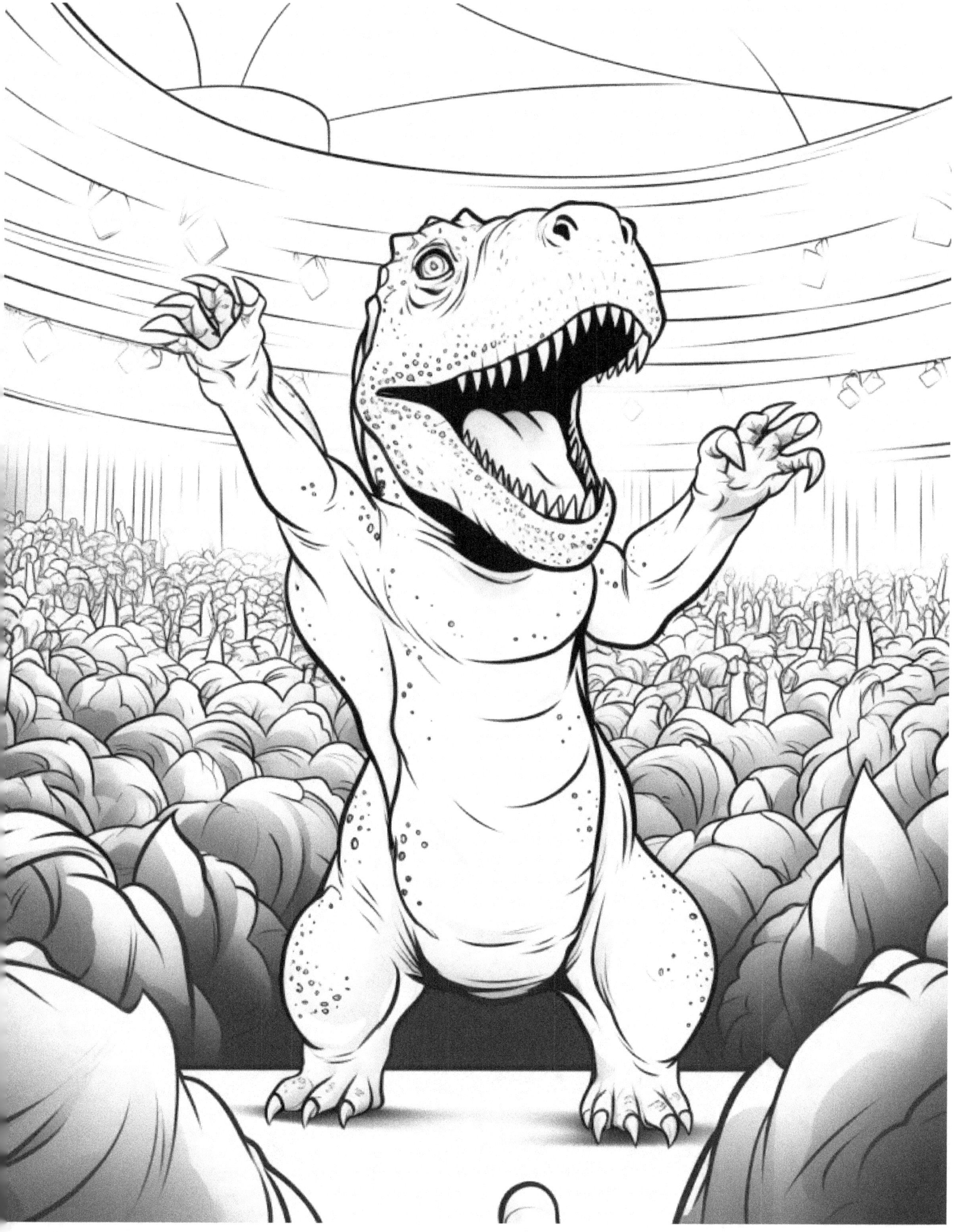

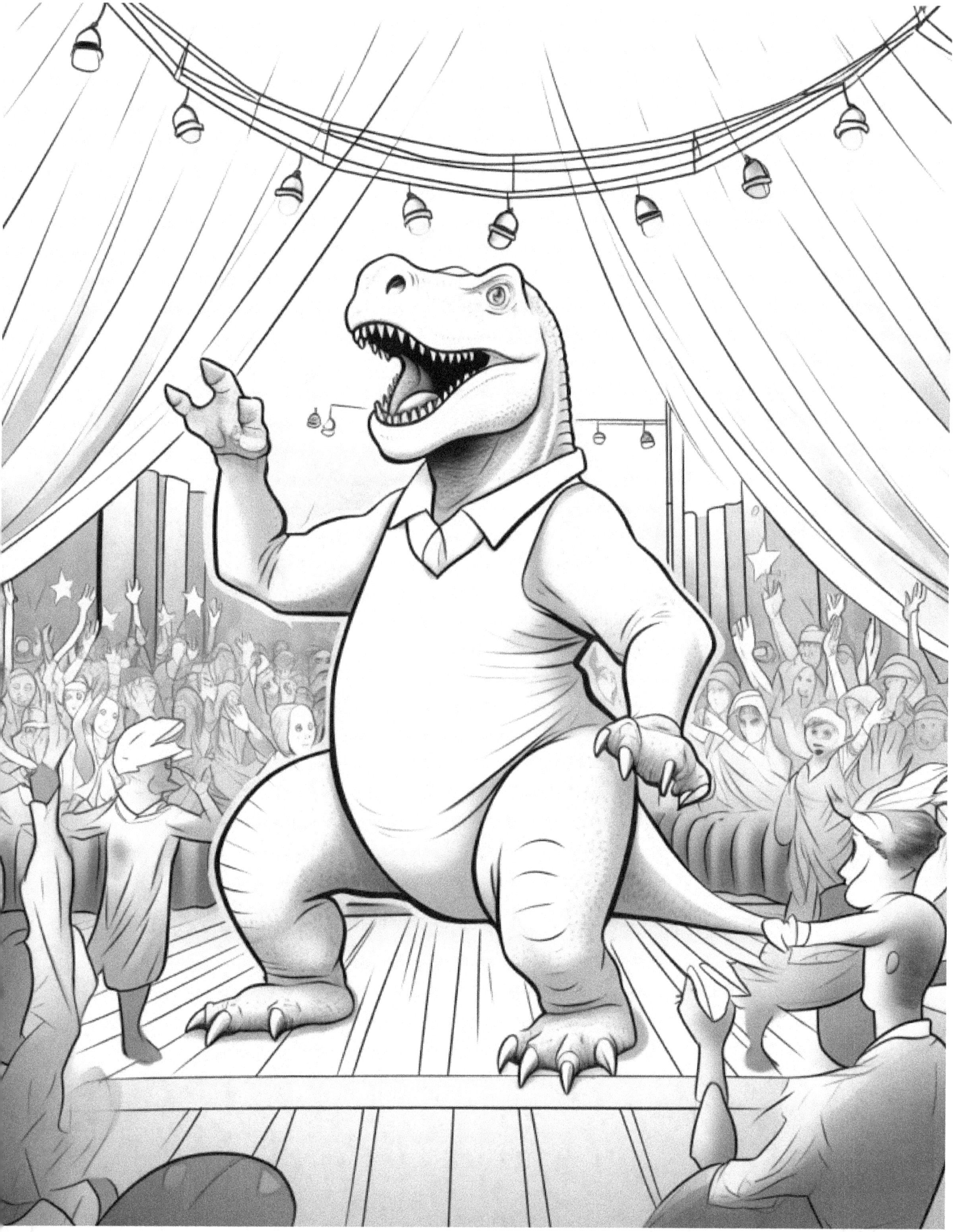

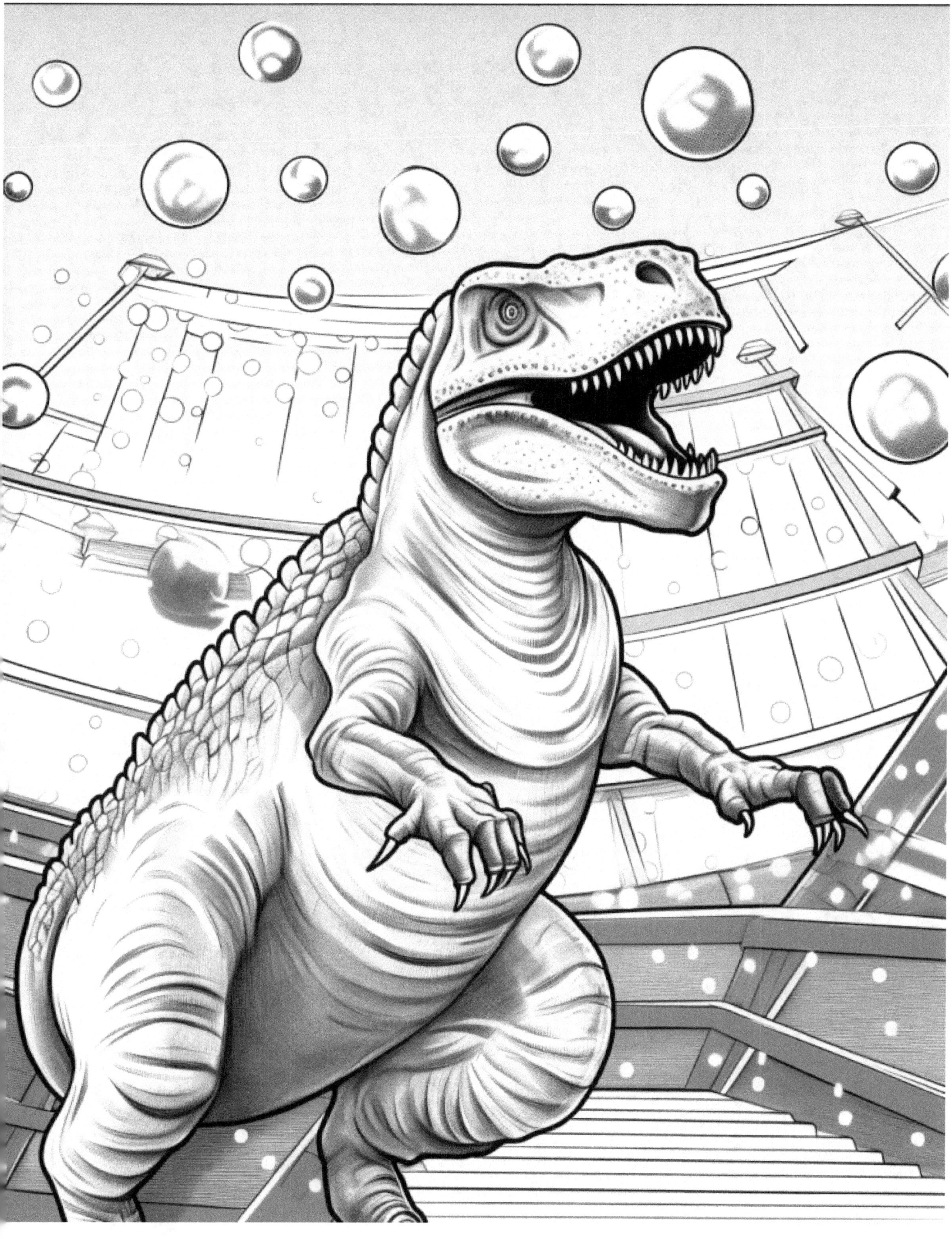

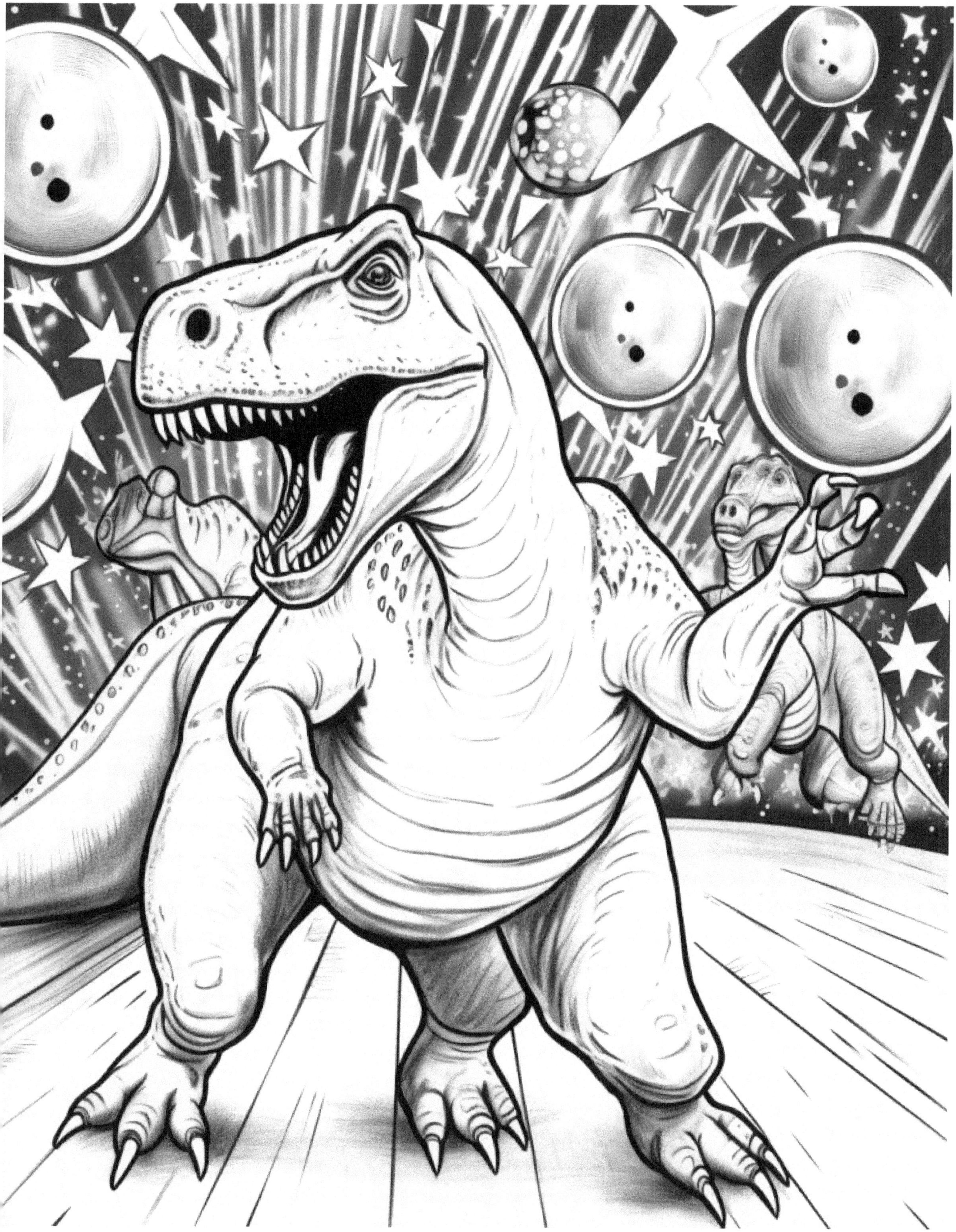

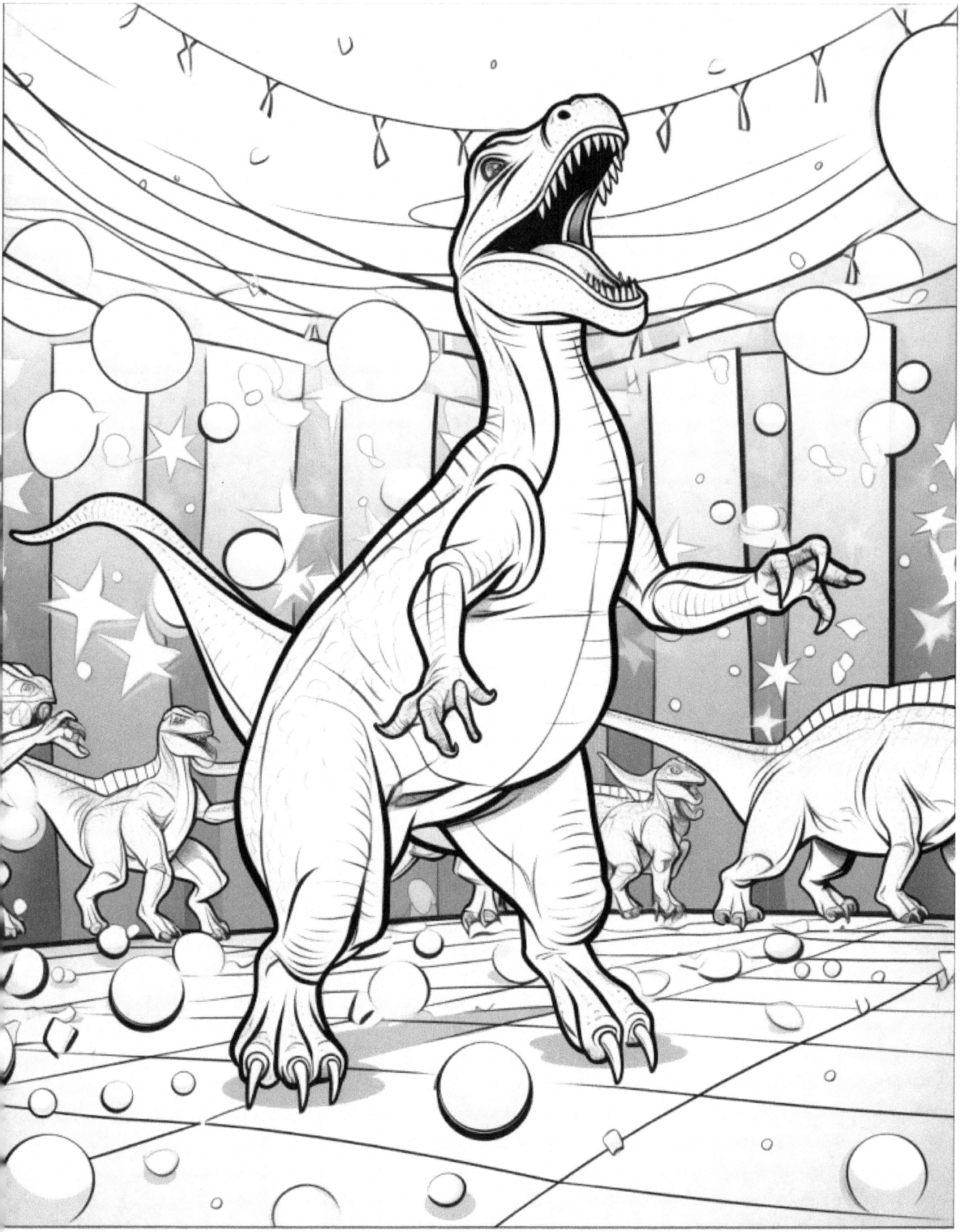

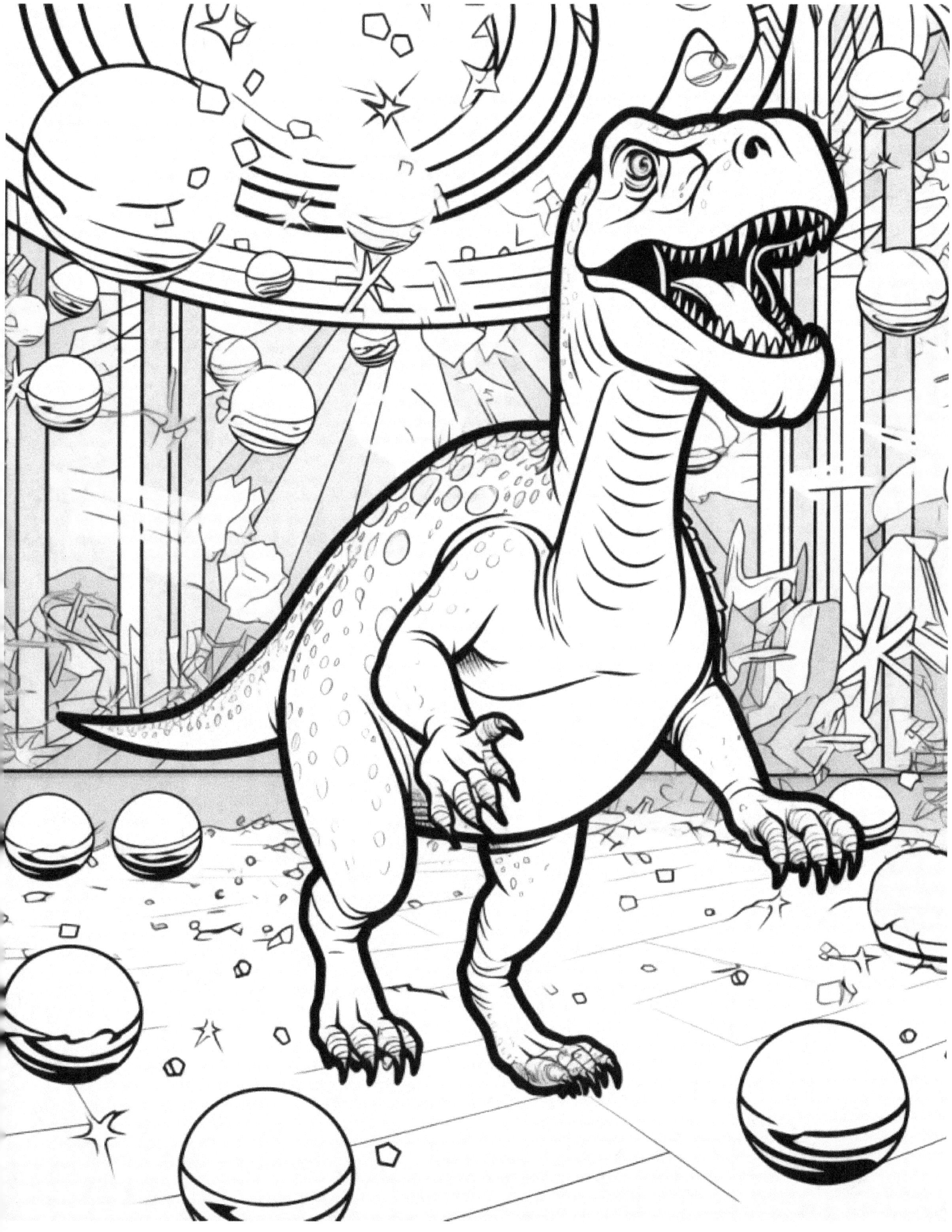

www.ingramcontent.com/pod-product-compliance
Lightning Source LLC
Chambersburg PA
CBHW082221290526
45794CB00009B/3630
* 9 7 9 8 8 6 3 4 4 1 8 0 1 *